智元微库
OPEN MIND

成 长 也 是 一 种 美 好

1000个

个

铁粉

打造个人品牌的
底层逻辑

伍越歌　著

人民邮电出版社

北京

图书在版编目（ＣＩＰ）数据

1000个铁粉：打造个人品牌的底层逻辑 / 伍越歌著
. -- 北京 ：人民邮电出版社，2022.3
ISBN 978-7-115-58248-5

Ⅰ．①1… Ⅱ．①伍… Ⅲ．①网络营销 Ⅳ.
①F713.365.2

中国版本图书馆CIP数据核字(2021)第262560号

◆ 著 伍越歌
责任编辑 陈素然
责任印制 周昇亮
◆ 人民邮电出版社出版发行 北京市丰台区成寿寺路 11 号
邮编 100164 电子邮件 315@ptpress.com.cn
网址 https://www.ptpress.com.cn
天津千鹤文化传播有限公司印刷
◆ 开本：720×960 1/16
印张：14 2022 年 3 月第 1 版
字数：200 千字 2025 年 10 月天津第 25 次印刷

定 价：59.80 元

读者服务热线：（010）67630125 印装质量热线：（010）81055316
反盗版热线：（010）81055315

真正具备人格魅力的人写个人品牌的书，才有信服力

很荣幸为伍老师的大作写这篇推荐序。

最近几年，"个人品牌"概念从知识付费圈子开始流行，因为社交媒体逐渐成为像水、电、煤一样的基础设施，这个概念也从媒体圈、科技圈、知识IP圈逐渐扩展到各类专业人士（如医生、律师、咨询师、金融从业者等）的圈子，大众也逐渐接受这个概念，开始了解甚至开始尝试打造个人品牌。

其实这个概念并非新鲜事，伍老师在前言里说到，他的父亲在一个五线小城镇创办了一家家具店，凭借自己的手艺以及自己的经商准则——永不卖次品，永不卖旧款，用最好的材料引领家具设计创新，以致"方圆几十公里，不论其他店如何打折，很多人都专程来我父亲的店订货"，**可谓家乡家具行业一大金字招牌**。

伍爸爸成为"家乡家具行业的一大金字招牌"，这就是个人品牌。

社交媒体的发展，让很多人将个人品牌误会为社交媒体账号上的粉丝数。我觉得这是对个人品牌最大的误解。过度追求粉丝数——背后反映的心态是唯数据论——这导致很多人的动作变形。比如，通过运营快速涨粉，通过裂变快速涨粉，通过营销快速涨粉，通过炒作快速涨粉，通过追

热点快速涨粉，大家跟打了鸡血一样，尤其加上雷军的成功，雷军谈论的"互联网思维"中的"天下武功唯快不破"，成为许多互联网从业者认定的"真理"。我很敬佩雷军的劳模精神，但是当一种声音成为主流、成为绝大多数人践行的第一准则时，我会开始警惕这种论调的适配性。鉴于此，伍老师在本书第一章强调了"定位"的重要性。那么，当你和别人一样时，何来定位？

我很喜欢伍老师的个人使命："帮助每个有一技之长的人，拥有 1000 个铁杆粉丝。"

有一次我跟一位朋友讲完这个理念之后，朋友说："1000？太少了吧？我现在都有几十万粉丝了啊。"

你看，唯数据论"害死"人。

艾·里斯和杰克·特劳特先生最知名的书叫《定位》，但他们还出版过另外一本叫《人生定位》的书，我觉得这本书揭示了一个更加赤裸裸的真相：要想获得成功，你必须找到一匹可以驾驭的好马。

什么意思？

赛马场上，获胜次数最多的骑师不一定体重最轻、头脑最好或是体能最强。最好的骑师未必能赢得比赛，而赢得比赛的骑师通常拥有最好的赛马。

在你的人生中，你甚至不需要 1000 个铁杆粉丝，有时候你只需要 1 个就可以。举个例子。

布雷克·戈特斯曼曾做过总统的私人助理，但他没有大学学历。因为工作出色，得到了总统一封很好的推荐信，进了哈佛大学学习。从哈佛毕业后，加入一家顶级私募基金公司工作。总统的推荐信，在他职业生涯中起到了决定性作用。

能获得关键人的认可，当然是真本事。如果你仔细研究各个领域有所成就的人物会发现，他们在一无所有、一穷二白、籍籍无名的情况下，都得到了贵人的相助，有些甚至一路得到贵人相助。真是运气好？当幸运来敲门的时候，咱也得在门后边啊。

我觉得伍老师这本书，讲的就是，咱们得先站在门后面，而且是幸运概率相对更大的那一扇门后面。这时候打开门，还比别人体面、从容。

我一直是个人品牌的受益者。2008 年刚毕业加入译言网，结果全程参与了 2010 年凯文·凯利（KK）第一次来中国的策划以及《失控》的出版，后来这本书竟然成为科技互联网界的一本奠基之作。KK 提到的 1000 个铁杆粉丝理论启发了微信之父张小龙，张小龙甚至在早期招聘时，会刻意留意来应聘的产品经理有没有读过《失控》，如果读过，立马拍板招进来。

2013 年，凤凰网财经中心负责人杨彬彬把我招入凤凰网担任科技频道主编。那时的我没有在主流媒体工作过，只是业余写写专栏文章，发在财新网——恰好杨彬彬是财新网早期团队成员，而他在财新网上看到了我的文章，聊过一次之后，就把我招过去当科技频道的主编。在凤凰网工作好长一段时间之后，我问他，当时怎么看我的文章。他说他完全看不懂，根本不知道我讲了什么！他说他想找一个不在那个圈子里的人。因为圈子里很多人已经有点老油条了，得找一个不油的人。

2015 年年初，"在行"刚刚上线，他们来找我去当行家。我觉得虽然我能讲写作，可是与各种媒体前辈和真正的大牛比起来，我没什么资格讲，一开始推掉了。某一天一想，讲写作我可能不专业，但是讲讲如何通过写作打造个人品牌，我还算有点心得。于是我对"在行"的工作人员说："这样吧，我设计一个话题，就叫'如何通过写作打造个人品牌'。"第一年，我还成为"在行"Top10 行家，后来还成为"在行"最"贵"的行家。各个领域的人都跑来约见我，甚至很多人专程从外地过来。扪心自问，自己真的那么专业吗？我觉得不是。我只是像伍老师书中所说的，做好了自己的"定位"。在写作领域，我是国内最后一代专栏作家；在社交媒体领域，我是最早一批体验者和参与者。2006 年我就已经在折腾社交网站，还被 MySpace 中国区的运营负责人邀请参加座谈会，那时候王兴做的校内网刚刚出来没几个月；后来王兴创办饭否网，我也成为第一批用户；几年之后甚至还被人发现成为张小龙关注列表中的一个，后来新浪微博上线，在内测时成为微博 Top10 博主。

但每一个社交媒体，我"弄懂就扔"。把最新的社交媒体研究一遍之后，再往前去研究：从甲骨文到楷书，从古登堡印刷术再到广播、电视等不同媒介形态，做了一番研究之后，技术的表现形式在不断演变，但传播的本质从来没变过。比如我身边很多拥有百万、千万粉丝的大 V 和公司创始人，他们碰到困难时，首先还是向身边的人打听。他们做最重要的决策时往往要听听身边人的看法。当他们看到一个有光环加持的人时，他们会去掉这些光环，去看这个人的"作品"及"人品"。

起初，伍老师希望将这本书命名为"人格经济"。人格经济，就是基于每个人的品格所延展的经济效应。我曾经在我的线下私房课中说，巴菲特其实没有太多粉丝，他只有十万粉丝，而这十万人是用真金白银给他投票的人。HBO 拍过一部关于巴菲特的纪录片，在这个片子里，巴菲特说："我从不管华尔街的人怎么评论我，我只关心我的股东怎么看我。"巴菲特的"粉丝数"比很多百万大 V 的"粉丝数"少多了。但他的粉丝是每个人至少拿数十万美元给他投票的。我在写这篇文章的时候，伯克希尔·哈撒韦公司一股股票是 42 万美元。

给巴菲特投票的人，都是他所在公司的投资者，他们用自己的真金白银来表达对巴菲特的信任。在伍老师的书里，这样的关系，是他更认可的"粉丝"关系，这样的粉丝关系反而是建立在更加平等、基于价值认可的信任基础之上的深度关系。而社交媒体上因为一个搞笑视频而获得的"粉丝"，关注成本很低，取关成本也低，粉丝和博主之间，并没有建立真正的联系。这就好像你在老家县城的广场，看到一个人在那里表演了一段胸口碎大石，你在现场点了一个"赞"（假设现场真有这么一个按钮），这只能算关系的开始。

有些人有一百万粉丝，可是找不到投资人、合伙人；有些人只有几百个粉丝，可是有一帮人愿意相信他、支持他、陪他一起奋斗。谁的粉丝更有价值？谁的粉丝更有影响力？一目了然。乔布斯说，1 个出色的人才顶 50 个平庸的员工。其实我觉得人和人的差距可能不止 1：50，我甚至觉得是 1：10000 的关系——1 个优秀的人才，顶 10000 个平庸的人。个人品牌也一样，你需要努力去找、去吸引一个以一当万的人，而不是通过"派红包"等各种手段吸引看似规模庞大、却稀释价值的粉丝。看起来 1000个粉丝好像很少，但从关系的维度来看，如果谁能建立 1000 个极其深度又高质量的关系，我相信这 1000 个粉丝产生的价值是无限的。

以前通过写文章，我无意中获得了贵人的帮助；当我开始创业后，我有意识地写书，我写书不是为了卖出多少本，而是把它当作一份样稿（Demo）。就像一个有志向的导演或摇滚乐队，需要先创作出一部作品，让制作人看到。找到一个好制作人，这个导演或摇滚乐队走进大众视野的可能性就更大。好作品自然会说话。

读到这里，我可能给你留下的印象是一个走极致的作品路线的人。这样的路线不适合所有人，只适合非常小的一部分人，一小部分真正坚信通过作品的力量打动别人的创作者——我的意思是，任何领域的创作者。但伍老师这本书，会告诉你好的产品需要什么样的包装，比如辨识度、专业度、连接度与价值度。我认为他的这个框架能给有一技之长的人补上自己不擅自我包装、自我营销以及自我价值塑造的短板，但同时他的书又不是那么强的套路与技法——市面上纯套路和纯技法类的书太多又太水了。这本书是我目前看到的第一本、也是唯一一本同主题中，我发自内心推荐的一本书。在伍老师产生写这本书的想法时，我就不停督促他——甚至是催促他——让他赶紧写出来。我觉得世面上缺这样一本书，很多时候周围的朋友和学员请我推荐，我总是没有推荐。当他这本书写出来的时候，我终于有了一本可以跟人推荐的讲个人品牌的书。在个人品牌这个领域，我了解、认识不少，督促他出这本书，其实也算是我的私心，因为放眼市场，需要一本这样的书。

就我所了解的伍老师，同他的父亲一样，爱惜羽毛，注重口碑。有一次他邀请了一位外部老师给他的学员讲课，收到学员的差评后，他为此难受了好久，每次见面都忍不住和我提起这件事。有很多次他跟我说，不少学员想请他做咨询，他和我聊给学员提供的服务包，听完之后我说："你这么重的交付，费时费力不说，最后自己都要搭钱进去呀！"他说："是啊，但不把交付提供到位的话，对不起人家的信任呀！"我在知识付费行业认识的人不少，和我聊怎么设计商业模式的人也很多，但每次交流时不断聊如何给学员交付更多价值的人不多，伍老师就是其中一位。和他聊完，我经常觉得，能成为他的读者、学员和合作方，是一件非常幸运的事情。

我自己就亲身体验过一次。

有一天，伍老师给我打电话："师老师，我想邀请你给我的学员讲两天课，你的报价是多少呢？"我说："伍老师你来找，那我就报 N 万元一天吧。"结果，他说："师老师，这样，我给你 N×4 万元一天。"在我报价的基础上，他将讲课费乘以 4。

这就是伍老师的个人魅力。一个真正具备人格魅力的人写一本个人品牌的书，才有信服力。如果你要打造个人品牌，这本书一定要看。

师北宸

长江商学院品牌顾问
凤凰网科技频道前主编
《纽约时报》中文网专栏作家

自序
一
个人品牌的本质究竟是什么

　　2018 年，我第一次给海内外金融行业从业者做 IP 培训。那时，大多数人对"个人品牌"这个概念还比较陌生，也鲜少有人刻意去打造个人品牌。如今，越来越多的人开始重视个人品牌建设，并希望通过学习个人品牌思维与方法论，被更多人看见，进而提升个人影响力，转化更大的商业价值，"个体崛起"越来越成为一种可能。

　　那么，个人品牌的本质究竟是什么呢？

　　提到个人品牌，很多人脑海中蹦出的第一个词是"网红"；还有的人认为，个人品牌就是做自媒体、获取流量、做粉丝经济，但在我看来，这些认知并不准确。个人品牌并非互联网的专属产物，早在几千年前，它就已经诞生了，只是那时候，它的名字并不叫"个人品牌"。

　　比如，早在 2500 多年前，圣贤孔夫子，门下有七十二贤人、三千弟子，无数人追随他、传播他的思想。放在今天，孔夫子绝对称得上是一个拥有个人品牌的"大 V"。

　　唐朝更是一个"偶像"层出不穷的朝代。诗仙李白、诗圣杜甫、诗鬼李贺、诗魔白居易、诗佛王维……打开《全唐诗》，哪个诗人不是拥有众多粉丝？李白就有个头号粉丝叫魏万。为了见李白一面，魏万从《愚公移山》中提到的王屋山出发，跋山涉水，历时半年，终于得见偶像。见面当日，风尘仆仆的魏万激动不已，喜极而泣。被感动的李白还写了《送王屋山人魏万还王屋·并序》一诗相赠。后来，二人成了至交，这成就了一段偶像与粉丝之间的佳话。

类似的例子还有很多：汤显祖凭借《牡丹亭》收获粉丝无数；神医扁鹊云游四方，闻名天下；刘备仰慕诸葛亮的才学与智谋，三顾茅庐……

把时间线拉回今天。

为什么女生们"天不怕、地不怕，就怕李佳琦说'买它'"？为什么戴建业老师能从一名普通的大学老师迅速为人所熟知，在网络平台上收获上千万人的关注？

这些人之所以受欢迎并取得事业的成功，在我看来，离不开两个核心支柱，即**人品**和**作品**。

人品，不仅仅体现在一个人的道德修养上，还体现在一个人的风骨、态度上，这是个人品牌的内核；作品，意味着你是否专业，能否解决他人的实际问题，这是个人品牌的核心武器。

就拿我家那位平凡的父亲来说，在一个五线小城镇创办了一家家具店，自创业第一天起，就给自己、给弟子们定下 3 条经商准则：永不卖次品，永不卖旧款，用最好的材料引领家具设计创新。秉持这一准则，父亲的生意做得十分红火，方圆几十公里，不论其他店如何打折，很多人都专程来我父亲的店订货。用许多老顾客的话说，这家具用上十年油漆都不见褪色，款式也耐看。偶有从海外回来的客户，也毫不吝啬地夸赞父亲做的家具一点也不逊色于意大利的手工家具。父亲的家具店，口碑十分好。

据我所知，父亲还写过一副自我勉励的对联：益匠勤劳，千家有请；财源广进，万里传名。上下联的首字合起来就是他的名字。如今，尽管父亲退休了，但在本地家具行业，只要提起他的名字，都会称赞。在我眼中，我的父亲就是一个典型的拥有个人品牌的人。

其实，我们身边绝大多数人本身都拥有个人品牌，也就是说，是人品与作品兼具的人。那为什么我们还要打造个人品牌呢？

这是因为，我们的名字、口碑、实力目前仅仅被自己的亲朋好友及圈子内的人熟知，受众太小了，个人应有的价值没有得到释放，即没有"出圈"。那些潜在的客户、合作伙伴，那些千里之外的陌生人，他们并不知道我们就是他们要找的、值得信赖的人。

所以，我们需要找到一个出圈的杠杆，比如，移动互联网。以它为媒介，我们可以把才能、个性、思想、理念，传播、扩散出去，让更多人看见，从而获得更多拥趸、更多"铁杆粉丝"。

这也是我为什么孜孜不倦地鼓励那些拥有一技之长的人去打造个人品牌。互联网及移动互联网的迅猛发展帮我们解决了信息有壁垒、传播速度慢、客流量小等诸多问题，为我们搭好了舞台，给了每个人发声的机会，更为好人品与好作品兼具的人提供了一个出圈的机会。

这也导致今天的商业逻辑、客户购买的底层逻辑发生了根本性的变化，具体可以归纳为以下 3 种。

第一种，需求驱动

当一个客户有了购买需求时，他会自行去市面上了解哪家公司的产品更好，进而决定在哪儿成交。在这种交易逻辑下，卖家是极其被动的。卖家不知道客户在哪儿、会不会信任自己、会不会选择自己的产品，只能任由客户挑选。遗憾的是，这种交易模式在今天的商业活动中，依然被绝大多数人使用。

第二种，环境驱动

环境驱动即周遭环境对一个人的影响。比如，一个人看到身边的人都在买保险，家里人也提醒他给自己配置一份保险，在这种环境的驱动下，他的需求被激发了，货比三家，对比、分析、评估多家保险公司的产品及代理人后，与其建立了信任关系，完成交易闭环。

同样，在这种交易逻辑下，卖家依然是一个被动的角色，等着客户来挑选，眼巴巴地期待着与客户建立信任关系，完成交易。

第三种，信任驱动

此时，交易逻辑翻转过来了，即先建立信任，再谈其他。客户一旦跟卖家建立了信任关系，那成交还成问题吗？这不就成了一件顺理成章的事情了吗？

就拿我自己来讲。我的 IP 课在 3 年多的时间里吸引了近 2 万名付费学员，而其中多半学员是硕士及博士学历。值得一提的是，其中超过 90% 的学员来自口碑介绍。也就是说，我几乎没做什么营销，只预告一下开课档期，报名名额就满了。正如樊登在《低风险创业》中所讲："客户的真正价值，在于他能为你带来新的客户，让你的生意源源不断。"

口碑传播的背后，则是学员对我的高度信任。用他们的话来说："凡是伍老师出品的课程，闭着眼睛都可以买。"这真是让我受宠若惊。学员既然敢闭着眼睛买，我就得睁大眼睛不放过任何瑕疵。

拿我自己举例，并不是为了向你证明我有多厉害，而是为了让你看到：一旦我们与用户之间建立了强信任关系，那么成交就变得简单许多。归根结底，**我们卖的不仅仅是产品，还有人格；用户购买的也不仅仅是产品，更是一种价值观认同。**

我把这种现象叫作"人格经济"。驱动这一切有效运转的，是那些高度认可、高度信赖我们的铁杆粉丝。

被誉为"互联网预言家"的凯文·凯利（Kevin Kelly，很多人称其为"KK"）曾提出一个非常经典的理论：1000个铁杆粉丝理论。在KK看来，任何一个人，只要拥有1000个铁杆粉丝便足以养活自己。

什么是铁杆粉丝？

就是不论你卖什么，凡是跟你有关的，他都乐意付费购买；不仅自己买，还无偿地、自发地发动身边的亲朋好友一起购买；如果有人提出反对意见，他还会据理力争、捍卫你的形象。

一个拥有百万、千万粉丝的博主，不一定有1000个铁粉；但拥有1000个铁粉的博主，其变现能力不可小觑。

我们不妨试着计算一下，假设1000个铁杆粉丝每个人只给你裂变5个人，这5个人再分别给你裂变2个人，那么你背后站着多少人？10000人。这10000人，是欣赏你、直接跟你成交的实实在在的人，而不是标记在你平台账号后面的那个数字。

为什么许多拥有千万粉丝的明星，其带货量有时还敌不过一个只有几万粉丝的博主？其中一个很大的原因就在于，那些博主的铁粉更多。

所以，从本质上来讲，打造个人品牌，并不是要我们一味地吸引更多粉丝围观、追求粉丝数量增长，而是要吸引精准用户，经营好用户关系，把更多的普通用户升级为铁杆粉丝。

这就是我写这本书的初衷。

现在，我把这套曾辅导上万名学员获取铁粉的方法定义为"4° 铁粉模型"，具体包括"辨识度""专业度""连接度""价值度"。

第一点，辨识度。

在人、内容、品牌特征越来越同质化的今天，要想获取铁粉，首要任务一定是让目标用户看到你的与众不同，一提到某个标签，粉丝能第一个想到你。辨识度的目的是让目标用户从看见你到记住你。

再举个我自己的例子。

2009 年，我在苏州做过一个学期的人民教师，那是我职业生涯中最短暂的一份工作，也是我最为快乐的一段时光。惊喜的是，十多年过去了，学生们竟然都还记得我，一个个通过各种方式加上我的微信，跟我热情互动。问起他们为何还能记得我，得到的答案是"伍老师是全校最酷、最帅的老师啊"……

一头长头发，一袭黑色风衣，讲课时常一屁股跳坐到讲桌上，课间时老跟我们抢辣条吃，口袋里随时装着糖果，对被体罚的学生"拔刀相助"，给我们写原创歌曲……

你看，当你在目标用户面前极具特色时，他们就会把你铭记在心。换句话说，一个人只有被另一个人所记住，你们之间才有可能进一步建立深度关系，对方也才有可能成为你的铁粉。

辨识度的构建有 3 个关键要素，包括品牌定位、品牌名、人设。本书

第一部分会就此展开重点讲解。

第二点，专业度。

如果说辨识度可以帮助你在众多同行之中被粉丝看见并记住，那么，专业度就可以帮你在粉丝心中建立认可度。**任何一段关系的升华都不可能依靠讨好与取悦，你要能真切地解决对方的实际需求与问题。**要么能解惑，要么能解忧。我经常跟学员讲，你能帮多少人解决多少问题，决定了你值多少钱，也决定了你能拥有多少铁粉。

以下几点是一名真正被认可的 IP 必须要做的基本功。

1. 输出的内容是有体系的。

2. 能创作爆款。

3. 口头表达能力或写作能力过关。

4. 有自己的代表作。

5. 能持续输出。

这几点在本书的第二部分有详细介绍。做好这 5 点，你的专业度必定能大幅提升。专业度让你能给对方交付，交付，不就是收获铁粉的路上最好的通行证之一吗？

第三点，连接度。

不得不说，连接度是获取铁粉最重要、最必不可少的一种方式。

我见过许多拥有百万粉、千万粉的博主粉丝黏性差、变现难，核心原因之一就是其连接度不够，甚至根本就没有连接度。没有连接，用户就无法被激活。

想要提升连接度，你可以问自己以下 3 个问题。

1. 我跟多少名粉丝一对一交流过？

2. 我跟多少名粉丝线下见过面？

3. 我带多少名粉丝一起成过事？

最近几年，我一直在践行一件事：每周至少给一个学员提供不少于一次的帮助。帮助大到给对方量身定制方案，小到进行真诚的关怀与问候。

至今，我已数不清自己帮助多少人解决了多少问题。这一举动已经成为我的一种日常习惯，成为我生活的一部分。

养成这个习惯后最直观的感受是，每给一个人提供一次帮助，我就好像在一家银行存入了一笔资金，这家银行叫"社交影响力银行"。我的"存款"在不断地增加，给我带来了远超预期的价值回报。

再举一个我学员的例子。

学员小 N 是一名保险代理人。她大专学历，且外在形象一般，在人群中就是那种没有存在感的普通人。唯一的亮点是，她写的一手好字。我鼓励她去"公开表达"，去展示自己，用个人品牌的思维去武装自己。认真地做了一年多，她的粉丝也只有 3000 多人，但令我吃惊的是，由粉丝转化为保险客户的，竟然高达 1200 多人，基本上每年给她带来的收入都超过 300 万元。

她是怎么做到的？其实只有简单的一条：与每一位粉丝见面。准确地说，是走到每一位粉丝身边，跟他们一对一地交流。比如，她会现场送粉丝一幅书法作品，真诚地与粉丝互动，倾听他们内心的声音，跟他们做朋友。就是这么简简单单的连接，使粉丝开始更好地了解她、认可她，并最终选择信赖她。

第四点，价值度。

如果说专业度是对你能力的认可，那么连接度则可以提升粉丝对你的信赖。

有了信赖，就有了铁粉，你又何愁没有客户、没有财富呢？

价值度，便由此诞生。

最后，再来总结一下这个模型吧。

4°铁粉模型 = 辨识度 + 专业度 + 连接度 + 价值度。辨识度，让粉丝记住你；专业度，让粉丝认可你；连接度，让粉丝信赖你；价值度，让粉丝奖赏你。4°铁粉模型的核心思想关注的不仅仅是流量，还有流量背后的人与价值。

在如今这个充满各种机会、容易一夜爆红的时代，很多人似乎等不及慢慢积累财富。有很多来找我咨询的人张嘴便问："伍老师，跟你学，我能红吗？""伍老师，你能帮我增加多少粉丝？"面对这样的学员，我常常会摇头拒绝。当然了，你也可以理解为，他在拒绝我。

但真正跟我学习的学员、那些收获了铁粉的学员、那些在商业上创造了大价值的学员，对我的共同评价却是：跟伍老师学，你可能不会短期内爆红，但会赢得越来越多的尊重。

在我看来，这就是高手与普通人的根本差异。**高手修的是尊，普通人**

求的是利。高手向内探索，提升自我，赋能他人，顺带变现；普通人不断向外求，求名、求利、求"火"、求好运，他们只关注自己，关注眼前的短期事务。

殊不知，爆红或暴富，对于个体来讲，并非好事，尤其是当你的人品与作品还不足以支撑这一切时，你就很容易"暴雷"。因此，越是在这个容易爆红的大环境下，我们越要耐得住寂寞，恪守价值追求。

需要补充的一点是，我从来都不认为流量不重要，就好像我从来都不认为一个人谈钱就很庸俗一样。我之所以弱化流量的概念，是因为流量背后是人，流量源自好的内容，流量的本质是人心，**流量已经从追注意力、追优质内容转变为追人**。当一个用户、一个粉丝开始"追"你这个人时，恭喜你，你已经开始真正获得影响力了。

因此，在我看来，所谓爆红，并不是你要有铺天盖地的曝光率，也不是媒体平台上拥有千万粉丝、赚取了丰厚的物质财富，而是你的观点、思想、作品、方案，正面影响了多少人、帮助了多少人、促进了多少人。要想真正获得影响力、持续获得影响力，最简单有效的做法就是持续精进，持续给目标用户提供价值，如此，他们才会真正认可你、推荐你、捍卫你、助推你一直"红"下去。

为什么很多打造个人品牌的人昙花一现？为什么很多"大V"变现困难？为什么今天的流量越来越贵？其实，并不是因为各行业陷入了内卷、竞争加剧，而是因为用户"变心"了。他们变得越来越"挑剔"，他们更愿意为好产品（作品）买单；他们更愿意为有态度（人品）的人买单。

如果你想快速变现，一夜涨粉××万，年入百万、千万，不好意思，这些"高技"在这本书里一个都没有。如果你问我，这本书有何独特之处，我会自信、坦诚地告诉你，**这是一本从根源上帮你解决困扰、建立个人品牌之书**。它能替你扫清认知障碍，助你少走弯路，从底层打通个人品牌的长期发展路径，助你真正获取属于自己的 1000 个铁杆粉丝。

因此，这本书的读者画像也就清晰了，我希望正在翻阅这本书的你是这样的：

渴望通过一技之长去影响、赋能更多人的专业型人士；

渴望通过打造个人品牌，反哺自己成长的职场人士；

拥有大流量，但更想拥有 1000 个铁杆粉丝的各类博主；

想要实现价值变现，却不了解如何系统地运营的销售型人才。

我一直有一个小小的使命：帮助每个有一技之长的人，拥有 1000 个铁杆粉丝。这里的有一技之长的人，并非指精通某项技能的"大家""大师"，只要你是能解决问题的人、有态度的人、愿意正面影响他人的人，那么都可以算作有一技之长的人，都有可能真正打造出个人品牌。

很幸运，通过此书，我们之间可以建立缘分。

目录 · contents

第1部分

辨识度：从被看见到被记住

第2部分

专业度：从被记住到被认可

第 **3** 部分

连接度：从被认可到被信赖

第 **4** 部分

价值度：从被信赖到被奖赏

PART

1

第 1 部分

辨识度
从被看见到被记住

　　想要打造个人品牌、获取铁杆粉丝，首先必须让目标用户看到并且记住你。也就是把我们的个人特色、专业专长、价值理念、思想情怀等，精准、真实、真诚地呈现出来。

　　一个人之所以被另一个人记住，是因为这个人跟他人有所不同。这个不同，就是我们所讲的辨识度，它包含品牌定位、品牌名、人设等关键要素。

　　一提到某个标签，如果目标用户第一个想到的就是你，那么从一定程度而言，你的 IP 定位、你的辨识度，也就真正建立起来了。

第一章
—

公开表达：提升内心能量，获得指数级成长

想要被更多人看见，想要吸引目标客户主动上门，想要获取铁杆粉丝，有什么快速且有效的方法吗？

有！答案是公开表达。

可以说，从来没有一个时代，人们可以像今天这样随时随地通过文章、视频、语音等方式畅快淋漓地表达自己。

互联网改变了无数人的人生轨迹。如果你深度参与其中，如果你乐于且勇于表达自己，你一定能在这个时代获得快速成长。

拼多多的黄铮就是一个非常典型的例子。

出身普通的他，为何能脱颖而出？这背后离不开两位高人或者说贵人——丁磊（网易 CEO）和段永平（知名投资人、步步高集团董事长）的助力。

这两位贵人是怎么出现在他生命中的呢？

彼时在浙江大学读计算机专业的黄铮，有一个非常好的习惯——在网

上公开发表自己的技术文章。黄铮有一篇文章刚好被丁磊看到并恰巧能解决丁磊遇到的技术难题，为此，丁磊对黄铮欣赏有加。

后来，黄铮出国读研究生，丁磊主动给他介绍了当时同在国外的段永平。段永平的出现，可以说改写了黄铮的人生轨迹——段永平给他提供了职业建议，让他去了当时还未上市的谷歌；带他参加"巴菲特午餐"；回国创业时，段永平既给钱又出谋划策……

你看，如果当初黄铮没把他的技术文章公开分享，如果他不愿意、不喜欢公开表达，那么黄铮的人生经历都有可能被改写，不是吗？

有句老掉牙的话，叫"命运掌握在自己手中"，这背后的原理就体现了主动的力量，而主动最好的表现方式显然就是公开表达。

我身边有很多人在公开表达上得到过大红利，并由此改变了命运轨迹，打造了个人品牌，这样的例子不胜枚举。

我想重点跟你聊聊的是，在这么一个人人皆可发声的时代，很多人明明知道公开表达是一件重大且重要的事，为什么还是围观的人多，实践的人少。

我的学员群体中，有近一半是硕士及博士学历，从世俗意义上来看，他们才识卓越，大多数人的收入也不错，有人甚至用"三高"（高学历、高素质、高收入）来评价他们。

在这群人当中，有许多人从事的是金融保险行业，可是，大多数人的销售模式，或者说找客户、招募人才的方式，依旧非常传统——依靠陌生拜访、混圈子、熟人介绍，甚至电话销售。看到他们此番作为，说实话，我既替他们着急，又替他们惋惜。

我曾问他们：如何才能找到并影响 1000 名铁杆客户？是这样四处奔

波、推杯换盏，挨个销售、说服吗？这样做，一定会有人觉得分身乏术。当然，这样做，也不太可能赢来真正的铁杆客户。

那么究竟应该怎么做呢？

毋庸置疑，一定是公开表达。

比如，通过目标用户能接触到的流量平台，如微信朋友圈、视频号、小红书等，持续公开表达自己的思想、价值观、生活理念，展现自己的才艺、生活状态……这种方式，显然可以达到一对多的效果，也就是说，在同一时间内，你一个人可以影响更多你想要影响的人。你只有被更多人看见，才能吸引、筛选、连接更多的铁杆粉丝。

微软 CEO 纳德拉在刚上任时做了一件在我看来极其智慧的事——出了一本书。在《刷新》一书中，他坦诚地谈到自己对微软业务及微软人的深度理解，谈到微软的文化价值观，谈到个人对微软未来的战略定位。通过这本书，他使微软全球数万名员工对自己这个新任 CEO 有了非常细致的了解，与自己所表达的价值理念有了一次共振。据说，很多离开微软的老员工看到这本书后都相继"返巢"，重新加入微软。

越是高手，往往越懂得公开表达，懂得用思想与才能作为杠杆，撬动更多的用户，激活更大的市场。

既然如此，究竟是什么原因让许多高手不愿把面纱掀开、走进大众视野呢？跟许多学员深度交流后，我发现，当初影响他们公开表达的，除了所谓的"才华不足以支撑公开表达"，还有另一个底层原因：

没有分享欲。

不得不说，没有分享欲的人是做不好个人品牌的。你若不表达，那么没几个人能看见你，自然就没人会关注到你。

在我的学员群体中，有许多所谓的专业知识工作者，如教师、会计师、律师、医生、投资人，等等。在跟我接触之前，他们最习惯、最舒服的姿势，就是埋头苦干，在自己的小圈子里按部就班、日复一日地工作。在我看来，这未免太可惜了，因为他们原本可以发挥更大的价值，甚至可以通过个人的力量让所处行业变得更好，可以帮到更多需要帮助的人。

也许有人会说，每个人的志向不同，就这样简单、安稳地过一辈子不也挺好的吗？为什么非要去抛头露面、去公开表达呢？

在我看来，这不是个人志向的问题，我们任何人都无法脱离大环境而独立生存。

可以说，任何一门做得起来的生意，都是因为找到并解决了一个社会痛点。樊登在《低风险创业》中也表达过类似的观点：创业的第一步在于你想为这个社会解决什么问题，而不在于你会什么，有哪方面的能力。当你心怀他人时，你自然就不会有所保留，你个人的价值就会得到相应的体现。

我的许多曾经埋头苦干的学员，自从学会了公开表达，其工作成就发生了根本性的变化：很多机会主动找上门来；合作伙伴与客户主动与其联络；跟同类对手竞争时，总能获得更高的溢价。

有个做投资的学员 Frank 曾跟我分享，他去某独角兽企业调研，准备参与企业新一轮的融资，由于项目火热，各家投资机构与投资人都使出了浑身解数来抢融资额度。但当该企业的 CEO 看到他特别欣赏的财经博主，也就是 Frank 时，CEO 握住他的双手，热情地说："我看过你写的关于我们这个行业的文章，也看过不少你参与的成功案例，有你加持，我就放心了。"你看，当别的投资人还在费尽心思做自我介绍时，Frank 已经被 CEO 带入了他的独立办公室，进入了协议环节。你的每一次公开表达实际上都是一次对目标用户心智的影响。

说实话，曾经的我也跟许多人一样，是一个没什么分享欲、不习惯公开表达的人，觉得自己的生活、事业、思想，自己知道就好，没必要跟别人分享，更没必要公开；微信朋友圈一年也发不了几条，导致很多关心我的朋友以为我"失踪"了，潜在合作伙伴以为我被"封杀"了，想要付费跟我学习的人以为我"过气"了……你看，多么意外的后果。

在这几点上吃过大亏后，我就再也"低调"不起来了，我意识到：必须赶紧公开表达，至少让大家看到伍越歌还活跃着。从此，我更新朋友圈、拍短视频、写文章、写书，持续曝光、露脸，进而被更多人所看见、所熟知。

其实，每个人都是渴望被看见、被认可、被信赖的，可为什么我们有些人自主掐断了那根与外界连接的分享欲的神经呢？

我曾带着这个问题跟各行各业的数百人做过交流，得到一个观点：那些对生活有向往、对事业有激情、对他人有热情的人往往更乐于且勇于公开表达（看看那些活跃在一线的艺人、名人、企业家就知道此话不假，好比一向低调的任正非，尽管很少公开露面，但"任正非内部讲话稿"也在四处流传，影响巨大）；反之，那些生活平淡乏味、安于现状的人，更习惯于把自己包裹起来，不愿被人看到。

所以说，一个人是否喜欢公开表达，其实与他内心的能量指数息息相

关 [①]。换言之，一些人的公开表达欲之所以不强，是因为他们内心缺乏分享动机。这个分享动机既可以是利他的，如分享干货与方法论，帮助某人解决某问题；也可以是利己的，如分享自己的生活、情绪、喜好、荣誉，以此获得他人的点赞与反馈，从而滋养自己。不论利他还是利己，总之，这个人的内心世界里一定要有一股对明天充满期待与渴望的力量，抑或想要通过自身去影响、帮助他人的力量。这些动机越明确、越强烈，他们的表达欲也就越强，他们也就越有可能被更多人看见，与外界建立桥梁，逐渐影响他人心智，形成个人 IP，最终收获属于自己的铁杆粉丝。

基于以上内容，我们不难发现，打造个人品牌的目的从来不是成名、吸粉、搞钱，而是借助互联网媒介去呈现一个有点才能、有点意思的自己，去影响、帮助他人，让他们变得更好。你的目的越纯正，你的个人品牌之路就会走得越轻松，拥有更多铁粉的概率也相对越大。

我要提醒你的是，分享欲强，并不是叫你学会耍嘴皮子、斗嘴、一个劲儿地秀自己，这样的人显然不是在公开表达，而是在公开表现、公开作秀。

---

① 我所说的公开表达，并不是指一天发几十条朋友圈，而是在即使没有任何直接收益的情况下，仍愿意公开分享自己的才能与思想。

第二章
—

选择平台：用个人品牌思维整合资源，精准出圈

要想做好公开表达、获取铁杆粉丝，在搞清楚动机后，我们还得选择一个适合自己发声的公开平台。平台选对了，我们才更有可能出圈。

然而，随着互联网技术的不断创新、市场需求的不断变化，各类平台层出不穷，可谓眼花缭乱。那么，什么样的平台才是更适合自己的平台呢？

我们可以从以下 3 方面进行评估。

一、是否符合个人调性

所谓符合个人调性，就是说这个平台的表达形式符合你的个人习惯、能发挥你的个人特色。拿线上平台来讲，在表达形式上，大致可以分为四种，分别是短视频、音频、文字、图片。找一个你最舒服的表达形式来进入某个平台，对于你开始公开表达极为重要。

比如，很多人不喜欢抛头露面，甚至对镜头有恐惧感，那么他们显然就不适合选择短视频平台。即便它是当下最火的表达形式，你也不得不忍痛割爱。当然了，如果你想提升自己，愿意给足自己成长的时间，那是另外一回事了。

再比如，你声音特别好听，让人如沐春风，抑或声音辨识度强，那么选择声音类平台，或者在视频类平台中只展现你的声音，显然能最大化地发挥你的价值。

我有个朋友出了本新书，他觉得直播是个很火的带货方式，就决定去直播卖书。我知道他的缺点是什么（在生活中，他极为内向，不善言辞，平日里跟陌生人交流时防备心极强），因此，我不建议他做直播。但一心只想卖书的他，不愿意放弃这么好的机会，决定尝试一下。结果不出所料，销售数据很惨，甚至有些已经预定了书的读者也退货了。

问题出在哪儿呢？这位朋友在直播镜头里神情紧张、目光闪烁、坐立不安。这样的他，跟读者透过其文章所感受到的那个"才思敏捷"的专业形象截然不同。自我定位不精准的他，没有意识到镜头对面都是活生生的人。

可见，符合个人调性的目的是扬长避短。你只有让自己舒服了，用户才有可能舒服。

二、平台用户是否精准

如果你在一个平台发展得很舒服，但平台上没有或者少有你的目标用户，那么，这样的平台便只能供你自娱自乐了。即使你在这个平台做得很好，从个人品牌维度来讲，也没有多大意义，因为你连接不了你想连接的用户。

所以，在选择平台时，我们还要充分考量这个平台上的用户有没有我们的潜在用户、有多少是我们的目标用户。这一点，其实并不难判断。每个平台在诞生之际，都有其产品定位、用户画像，从平台呈现的内容即可判断。毕竟，什么样的内容就会吸引到什么样的人。

就拿短视频平台来说。快手里有许多接地气的内容，吸引了下沉市场的用户；抖音里演绎的梦幻而美好的内容，吸引了年轻用户；微信视频号中偏才艺类的内容，吸引了许多学习型用户……尽管各个平台都在不断拓宽用户圈层，不断优化内容矩阵，但其基因早已决定了大多数用户的偏好。

因此，在选择平台前，首先要思考清楚，你想吸引什么样的人、你的准用户是什么类型的。你可以站在用户的角度去思考以下问题。

他们会来到这个平台吗？

他们会花多长时间在这个平台上？

他们来的频次有多高？

如果答案清晰且肯定，那么，这个平台就值得你去努力拓展。

三、平台是否处于上升期

如果一个平台已经达到了饱和的阶段，或者说，平台已经在走下坡路，那么面对这样的平台时，你一定要慎重。

在很多成熟的流量平台上，绝大多数流量已经被头部博主占领，作为新人的你此时进去，如果想被看见，不是没有机会，但要多走很长一段路。

所以，比起成熟或规模大的平台，我相对更愿意推荐那些处于快速上升期的平台。什么叫快速上升期？来看看以下几个关键问题。

1. 种子用户质量如何？

2. 官方做了哪些投入？

3. 官方愿意为创作者提供哪些支持？

就拿微信视频号来说。微信视频号从 2020 年年初开始小范围进行产品测试，到 2021 年 8 月，其日活跃用户已达 4.5 亿，其发展的迅猛态势直逼成立近 6 年的抖音。

犹记得，2020 年年初视频号还在内测阶段时，在我的学员群体中，有些人获得了内测资格（可以开通账号）。在这些获得资格的人中，出现了两种截然不同的声音。一类人觉得，他们已经有了抖音跟快手，而此时他们对视频号的规则和逻辑尚不清楚，所以他们干脆放弃，继续运营抖音、快手账号；另一类人觉得，这是一个全新的平台，并且微信生态让人看好，早期进入，发展的机会应该更大，于是他们开始全力以赴做视频号。结果表明，早期进入视频号赛道的那群学员，都得到了风口红利，甚至不少学员的账号做到了垂直领域的前十。

你看，同样的时间成本，同样的付出，创造的结果有可能是完全不一样的。其关键在于，你走的是哪一条路，以及你愿不愿意早早地开始。

运营视频号接下来还有重大机会吗？我认为完全有，视频号甚至有可能是未来5年打造个人品牌最重要的平台之一。

总结一下，选择线上平台要考虑的3个方面分别是：**是否符合个人调性、平台用户是否精准、平台是否处于上升期**。如果有多个平台同时满足你这3个方面的要求，那么你完全可以在多个平台分发内容。哪个平台数据表现更好，就花更多时间重点运营那个平台的账号。

除了线上，很多人忽略了其实线下平台也很适合公开表达、适合打造个人品牌。也许线下平台的用户基数没那么大，很难马上影响很多人，但它的用户黏性是线上平台无法超越的，甚至可以说，一个线下用户抵得过上百个线上用户。

我每年都会花更多时间在线下，在全国各地开课——闭门会、公开课、私房课、沙龙等，目的只有一个：与用户面对面地交流。这不仅让我与第一批学员里上万名种子用户建立了联系，而且使我课程的口碑推荐率一直保持在90%以上，进而完成了口碑裂变。

因此，我们千万不要忽视线下平台。

线下平台主要有两种运营策略。

一种策略是，当你自身影响力还不够时，可以加入某个有影响力的组织，获得平台背书。我有许多学员是腾讯、华为等知名企业的中高层管理者。谈业务时，比起那些名不见经传的人，他们往往更容易获得机会。为什么？这是因为他们背后的平台有很强的品牌力，对方愿意相信他们背后的平台，从而愿意给他们机会。

在这里，我要提醒你的一点是，千万不要错把平台能量当成自己的实力。真正有个人品牌思维的人，会把平台当杠杆，借助平台提升自我，整合资源，巩固影响力基石。腾讯五大创始人之一的曾李青表示，腾讯出来的人创业，都可以找他聊聊计划，如果计划不错，他都会投一点。可见，好平台的机会比普通平台要多。

除了加入有影响力的平台，另外一种策略是拥抱渠道。

渠道的选择标准跟线上平台的选择标准一样：符合个人调性，即双方的价值理念一致；平台用户精准，即渠道用户跟你想要影响的用户属于同一个群体；平台处于上升期，即渠道处在健康快速的发展道路上。

一个适合自己的优秀渠道可以帮助你持续进攻，加速影响力提升，从而被更多人看见。

当然了，不论加入大平台，还是拥抱渠道，如果你自身没有实力，我想没有哪一个平台或渠道愿意动用真金白银去扶持你。平台与个体始终追求的是共赢，任何一方出现问题，整体都成不了气候。我们能做的，就是做出最优选，让自己变得足够优秀。正如有句话所说：所有努力的意义，不过是让我们拥有更多的选择权。

选准想要进攻的平台后，我们就要正式进入重要的第一个实操环节，即确定个人品牌定位，这会帮助我们从被看见上升到被记住。

第三章
—

品牌定位：找准赛道的 3 个锚点

打造个人品牌，几乎绕不开定位理论。

定位理论自艾·里斯和杰克·特劳特创建以来，在美国营销界产生了巨大影响；20 世纪 90 年代，当这个理论传到中国时，同样刮起了一阵旋风。

其实，我们可以把定位理论看作一个战略工具，或者说一幅地图。借助它，我们在打造 IP 的道路上可以找到自己所处的位置，识别要去的方向。

首先我们来了解下什么是定位。提到乔布斯、雷军、李佳琦、易中天，你会想到什么？想必不用我多说，你很快会联想到苹果、小米、口红、《品三国》等产品（作品）。为什么我们会这么快地给出答案？这是因为这些人已牢牢占据了我们的心智。譬如，我们想买一支口红，可能会走进李佳琦的直播间，去购买他推荐的产品。

所以，定位理论中有一个核心观点：**竞争的终极战场是用户心智**。也就是说，谁占领了用户心智，谁就能脱颖而出。

那么，用户心智可以被影响吗？当然可以。

但在此之前，我们要搞清楚：**我是谁？**正所谓，知己知彼。

"我是谁"看上去是一个极为简单的问题，但实际上，这是一个需要我们去往灵魂深处追寻的问题。在我的个人品牌课堂上，每到这个环节，我往往会给学员留足时间，因为我们极容易在这个问题上出错，找不到自己。

不仅学员，包括我自己，在打造个人品牌的路上，在"找自己"这个定位环节中，也经历过许多波折。

早前，他人在向第三方介绍我时会说：这是培训师伍越歌。

过一阵子，介绍词又换成了：这是金融圈大咖伍越歌。

如今，大多数人对我的介绍是：这是知识 IP 教练（个人品牌教练）伍越歌。

他们的介绍有问题吗？当然没有。之所以会出现这么多版本，是因为我与他们交往时给自己贴的就是这个标签。由此可见，找到自己是一件刻不容缓的事。

接下来，我要结合实际案例为大家介绍一套构建个人品牌的方法，即"找自己"的方法，这会让你从一开始就大概率走上正确的道路。

我把这套方法归结为定位的 3 个锚点，分别是热爱、擅长、需求。

一、**热爱**

给你讲个小故事吧。

有一位学员是某 500 强企业的销售总监，这位总监能做一手好菜，于是就想给自己拿个美食博主的称号，提升自己企业产品（食品）的销量。这个路径听上去好像没毛病，对吧？于是她便撸起袖子开干了。干了半个月，凭借她的菜品及个人的颜值，她很快吸引了 4000 多个粉丝。这位总监很开心，每天下班回家第一件事就是做饭；饭后，就去剪辑、发布视频作品，然后盯着粉丝数的变化，如此循环，日复一日。

可是，不知道为什么，一段时间内，粉丝的增长速度突然变得很缓慢，有时甚至还会掉粉。慢慢地，这位总监就不那么开心了，本职工作本来就很忙的她，理所当然地断更了，再然后停更了，后来索性把账号都注销了。

这反映了一个很典型的问题：**切入的赛道及领域并非自身所爱**。因为不爱，即使你十分擅长，也难以让用户对你的作品产生共鸣。我看过她的某期视频，做的是一道儿童套餐，食物看上去五味俱全，但仔细研究时发现，亲子套餐旁边怎么可以摆威士忌呢？显然，她的心思不在美食本身上。

真正的热爱是什么样的呢？

虽千万人吾往矣。

直白一点讲，即你在做这件事时，**会不厌其烦、精益求精，即使困难重重，你仍不愿放弃**。

日本寿司之神小野二郎可以数十年如一日地干同一件事——捏寿司。为了保护捏寿司的双手，他连睡觉都戴着手套。

我的一位朋友高太爷是自媒体平台的心理学博主。在做心理学自媒体之前，他有着稳定的工作、很多人艳羡的职业背景与良好的前途，但那时的他每天过得苦不堪言，还患上了抑郁症。在数年煎熬之后，他选择勇敢地追随内心所爱，开始了心理学内容创业。因为有着对心理学的热爱，他每天乐此不疲地输入、输出。不到半年，他便拥有了 20 多万粉丝，成为一个颇具影响力的心理学博主。

很多人问我："为什么你一年可以看 100 本书？"

我反问他："你为什么每天追剧？"

对方答："因为我很喜欢啊。"

于是我也同样回答道："因为我本来就很爱看书啊。"

你看，一件自己真正喜欢的事，也许在别人看来困难重重、不可思议，但我们自己知道，不做这件事，我们才会真的苦不堪言。在我看来，读书跟看电影、追剧，其实是一回事。每次走进书房，看到新买的一箱书还没来得及看，我内心就十分着急，这跟有些人看到新剧更新了自己还没来得及看是一回事。

梁宁说，上天安排了一个人的命运，或者说给一个人使命，其实是给他一个爱好，一种真实的喜欢，一种叫作"瘾"的东西。

我们要找的，就是这个东西。一旦找到这个东西，大概率你会闪闪发光，而这个东西，只有你自己最清楚。

日本临终关怀医生大津秀一在看了 1000 多个临终者的遗嘱后发现，排名前两位的最遗憾的事是：（1）还没做自己想做的事；（2）还没实现自己的梦想。

在这里，我们也可以问自己以下问题。

1. 做什么事，我会由衷地感到开心乃至欲罢不能？

2. 迄今为止，我有过哪些难忘的、特别的、令自己骄傲的事件或经历？

3. 我是一个有理想的人吗？我的理想是什么？

请把答案写下来。如果你已经知道了这些问题的答案，就大胆去干吧。

二、擅长

有学员问："在做定位时，热爱与擅长到底哪个更重要？"

如果热爱能够跟特长合而为一，那么这显然是最理想的状态，但现实情况是鱼和熊掌不可兼得。

这就要求我们把热爱变成专业，把一腔热血变成职业担当。

如何找到自己真正擅长的事，或者说，如何构建我们的能力模型？

我给你介绍一个有用的方法，叫作"关键事件拆解法"。

首先，找出你在生活或工作当中干得最漂亮的一件事，比如，你拿过的名次、奖项或是得到过的表扬、夸赞。

其次，进行能力维度的拆解，比如，专业技能层面、心理素质层面的拆解。

最后，得出权重更大的核心能力项。

我们来看两个案例。

案例一。

与小 A 进行一对一的沟通辅导时，我发现她有一个非常亮眼的关键事件——在 23 岁时赚到了人生的第一个 100 万元。

不仅如此,她还将赚到的钱又投了出去,比如,她会定投某只股票、出租房屋、资助信得过的朋友创业。①

那天,我还记得,随着交谈的深入,小 A 多次有意识地、巧妙地向我提到了她所在的公司的某个智能家居产品,意外的是,她的推荐并没有引起我的反感。由此可见,她的销售能力、情商都很出色。

小 A 的能力项中至少包括财商思维、销售能力、情商和沟通能力。

结合当时一对一面谈及后续的跟踪调研,我发现小 A 的财商思维相对更为突出。幸运的是,她对投资理财既有热情,又肯钻研(愿意读书、付费学习)。

于是,我针对她进行的"95 后独立理财师"的定位,也就有效开启了。

案例二。

W 自称是一个非常普通的女孩,尽管拥有硕士学历,但她并不喜欢自己所学的专业。

她说,这 30 年来,自己的日子过得如白开水一般平淡,在单位一待就是 10 年,渴望走出去却不知道从哪里开始,找不到自己的闪光点。

乍一听,W 的确普通、平凡极了,但欣喜的是,随着我们交谈的深入,一个在我看来非常关键的事件跳了出来:W 跟婆婆在一起生活了 7 年,且幸福融洽。

---

① 投资有风险,需要谨慎行事。

"幸福融洽"背后代表了什么核心技能呢？爱的能力、沟通能力、亲和力、经营管理能力……实在是太多了。要知道，这是多少女性处理不好的事啊。

因此，在我看来，给 W 颁发一个"家庭教练"的名号一点儿也不为过。

从以上两个案例中，想必你不难看出，不管是怎样的一个人，深挖下去，我们总可以在他身上找到闪光点。

如果深挖下去，你的能力真的一般，或者说你目前找到的核心技能与竞争对手还相差太远，那么我认为你很有必要掌握一个万能的方法——刻意练习。所有一鸣惊人的背后都是敢于走出舒适区、进入学习区，厚积薄发的努力。

刻意练习的精髓并不在于练习时间的长短，而在于多用、多实践。想学会游泳，就需要我们真的行动起来，去游泳池学，否则我们永远也学不会。

一直以来，我个人授课都是按照理论讲解和现场实操相结合的模式进行的。一半时间，我来讲；剩下的时间，我支持学员现场练习。原因很简单，知道并不等于做到，只有在"战场"中实战，我们才知道自己几斤几两。查理·芒格说："如果你确有能力，你就会非常清楚能力圈的边界在哪里。如果你问起（你是否超出了能力圈）这一问题，那就意味着你已经在圈子之外了。"

从新手到老手，从老手到高手，每一次转换都是一次打破，更是对自我进行更精确的定位的过程。

三、需求

不妨试着想一下：你摩拳擦掌准备进入某个领域，那个领域你不仅感兴趣，而且特别擅长，但你突然发现，市场根本就没有这个需求。试问，你还值得做下去吗？

显然，这只能是自娱自乐。

曾经有个学员问我："伍老师，我对亲子教育很感兴趣，自己也做过几年老师，也有一些自己的教育方法论，我可以将'亲子教练'作为自己的定位吗？"

借着这个问题，我们试着来思考以下问题。

1. 目前的你是否有种子用户？

2. 你的竞争对手多不多？头部对手目前发展得如何？

3. 该领域的市场规模及增速大概是多少？

这位学员的答案如下。

1. 种子用户有几十人，大多是小区里的妈妈，她们经常向我请教孩子教育的问题。

2. 竞争对手实在太多了。在微博、抖音上，我观察到的百万粉丝的亲子教育专家就有上百人。

3. 随着三孩政策的倡导，父母教育理念升级，该领域的市场规模至少在百亿级别。

回答完这三个问题，学员心领神会。

我们再来解读一下。竞争对手多，说明大家看好这一行业；对手发展得不错，说明刚需性很强；市场规模大，说明发展机会多。

现在，这位学员开发了两门亲子教育课，在某在线教育平台上卖得火热。通过几场直播，她吸引了近 2 万名家长前来围观，微信都被加满。她凭借"亲子教练"的新身份，逐渐进入更多用户的视野。

接下来，我们再来谈谈需求是怎么来的。

现状跟期望之间存在差距，这个落差，就是需求。

随便举几个例子。

假如你想要进入某一个圈子，有一天，你发现这个圈子里的人都特别爱打高尔夫球，这时，学打高尔夫球这个需求项就被写进了你接下来的日程。

女生去购物，导购说："这款香水最适合你的气质了，既清新脱俗又带点原始的热情。"有的顾客便毫不犹豫地购买了。原因是导购带领顾客看到了她期望的样子。

不难发现，现状和期望之间的落差越大，这个需求就越有可能成为刚需，比如，高尔夫球之于商务、美妆之于女生、成长提升之于职场人士等。在现实生活中，这三个领域也的确有着很大的市场。

柳井正讲过一个观点：这个世界上所有伟大的公司，都是因为解决了一个巨大的矛盾才有所成就的。

我们必须清楚以下几个核心问题。

1. 我们想要影响、赋能的用户是谁？

2. 这样的人多不多？

3. 他们正面临什么样的问题？

4. 我们可以让他们获得什么？

问题越大，需求就越大；需求越大，用户就越多；用户越多，你才越有可能吸引目标人群。

概括来讲，热爱针对你想干的事，擅长针对你能干的事，需求则针对你可干的事，三者相交之处，便是你个人品牌定位的锚定之处。如果三者没法相交，不妨运用组合的方式，找准自己的 IP 赛道及定位，可以是"热爱 + 需求"或"擅长 + 需求"。

这两个组合至少可以先让你启程。之后，在动态发展的过程中，你再去修复与调整。在这一过程中，不那么热爱的，说不定做着做着就喜欢上了；不那么擅长的，说不定做着做着就熟能生巧了。

这也是我们经常说的，先占领某个位置，告诉用户你是谁，再去持续进攻。

至于如何打造差异化定位、如何提升 IP 辨识度等与定位相关的内容，后文会进一步介绍。

第四章

脱颖而出：打造差异化定位的 4 个秘诀

在使用某些 App 时，你常会觉得平台（算法）是最懂你的。一旦你喜欢某类内容，平台就会反复给你推送，让你一次过足瘾，根本停不下来。比如，你喜欢看人跳舞，你多看了几个跳舞的视频，之后你打开这个 App，就会频繁地刷到跳舞的视频。

但你发现没有，这些俊男美女明明是不同的人，既没有血缘关系，又非师出同门，然而其身材、长相，乃至表情，都异常相似，乍看上去，你很难辨认他们有什么本质性的区别。

请问，你喜欢这些千篇一律的内容吗？

我在课堂上、生活中多次提到这个问题，得到的答案是，超过 90% 的人都不喜欢。原因是，千篇一律的内容没特点，只会带来审美疲劳。

不仅如此，那些在打造个人品牌路上的人，不少人或主动或被动地变得越来越同质化——内容同质化，产品同质化，甚至连"人"也在同质化。

除了抄袭、搬运、洗稿、跟风、模仿、变相竞争等手段，在一开始，他们便缺乏差异化定位战略。

哲学家莱布尼茨说：世界上没有两片完全相同的树叶。同样，人应该也是独一无二的个体，有自己的风格、个性、脾气、美感。前文也提到，竞争的终极战场是用户心智。要想占领用户心智，不妨践行杰克·特劳特所倡导的与众不同。

说白了就是，**有独特性，才有差异化；有差异化，才有竞争力；有竞争力，才能脱颖而出**。对于个人品牌而言，这既是战略定位，也是对"人"这个个体本质的探索与价值挖掘。

寻找差异化价值、打造差异化定位可以从以下 4 个方面入手。

一、在垂直领域，抢占先机

垂直领域，即细分领域。

很多人打造个人品牌，做定位、做内容，一开始就追求大而全，什么都想要，什么类型的用户都想覆盖，最后往往什么也得不到。《道德经》不就讲了吗，多则惑，少则得。贪多反而容易扑空，不如聚焦于某个点，在某一方面做到极致，才有可能胜出。

大而全的背后，存在几个明显的陷阱。

1. 标签太多，难以被用户记住。

2. 力量不集中，精力易分散，高质量输出困难。

3. 涉及群体广，对手多，容易四面树敌，陷入四面楚歌之境。

我的观点是，只有做好小众的，才能做好大众的；只有做好垂直的，才能做好立体的。

具体怎么做呢？

基于垂直性，我们可以从**用户垂直**及**内容垂直**两个角度入手。

先来看用户垂直。

基于用户画像，我们可以挖掘到用户阶层、性别、年龄、地域、职业等各个细分维度。举个例子。就拿个人品牌这个领域来讲，市面上就有专门讲女性 IP 打造的、讲创始人 IP 打造的、讲妈妈群体 IP 打造的、讲金融圈 IP 打造的，等等。当你基于特定群体进行定位时，你的个人品牌相对而言也就更有竞争力。这会让用户觉得，你是懂他们的，你的解决方案是为他们量身定制的，你是跟他们一起成长的。

我有一位学员，她最初是互联网"小白玩家"，运营微信视频号不到半年，就做到了职场类账号排行榜的第四名。她基于自身女性财富管理师、女企业家的身份，把目标用户锁定在女性群体之中，围绕女性关心的变美、经济独立两个话题，精准输出内容，运营一段时间后，吸引了数万名优质女性粉丝。

我还有许多金融保险行业的学员，其中一些年薪在好几百万元以上。为什么他们的业绩那么好呢？除了专业性、人品等因素，还有一个不可忽视的原因，那就是他们非常清楚自己的客户是谁，比如，有的人只面向高端企业家客户群体，有的人重点维护珠三角地区的客户，有的人专注于家庭型保单，等等。这样一来，他们的力量就非常集中、有爆发力，可以把更多时间放在服务精准客户上，其个人品牌的差异性也就彰显出来了，比如，企业家财富顾问、珠三角客户财富管理师、家庭财富传承管家，等等。

我们再来看垂直性的另一个维度：内容垂直。

内容之所以垂直，显然是基于特定用户考量的，但如果你暂时还不清楚哪些人是你的特定用户，可以先从自己热爱、擅长的能力维度来规划内容。但在这里，我们务必了解清楚在同一个内容模块上有无竞争对手。如果有，且对方已经做得很好，那么建议你绕道而行，锚定内容模块的其他分支。用一个公式来表达，即

找对手（从各个平台搜索）—**拆解对手的信息**（同一主题的内容方向、维度）—**绕开对手**（锚定你的分支，并占领它）

举个例子，"写作"这个领域看起来很小众，对吗？但实际上，写作可衍生出许多细分领域，在那些细分赛道上，同样出现了许多厉害的人，其中包括我的两位好友——师北宸与粥左罗。

如果对此二人有所了解，你会发现，尽管他们都是教人写作的，但他们写作方向、风格、受众等几乎没有什么重叠。

粥左罗教的写作，主要聚焦于自媒体相关内容，比如，公众号文章怎么写、怎么写出爆款文章，甚至细致到告诉你如何给一篇文章起一个打开率高的标题，可见，他教的更多的是写作技法。

师北宸则是教你如何通过写作认识自己、通过写作进行思考、通过写作影响他人，也就是写作心法。

由于内容、方向不同，他们的用户群体也就不同，二人看起来是同业竞争者，实则各自安好。在各自的领域，他们都建立了个人品牌，带领各

自的用户成长，受到各自的用户的赞赏。

除此二人，写作方向的博主、教练还有许多，他们都在各自的细分领域里，尽情发挥个人所长。

在我看来，**任何领域都拥有若干细分方向。**

比如，摄影这条赛道依据内容来划分，有舞蹈摄影师、婚礼摄影师、旅拍摄影师，甚至我的一位朋友早前还给自己定位为朋友圈头像摄影师——专门给人拍朋友圈头像，这让他很快被人记住，随着微信的发展，他也确实获得了许多关注。

实际上，"我们能做什么"与竞争对手有关，他们没想到、没去做，我们想到了、去做了，且愿意持续努力地做下去，那么这个定位大概率就是属于我们的。

这就是垂直定位的策略及魅力所在。

二、借助对手，借位打力

不存在没有对手的市场，相反，如果一个市场里有一些人发展得还不错，也许能说明这个市场不仅存在，还有着广阔的空间。进入一个有前景的市场，就一定会与竞争对手狭路相逢。

我们来看几个有趣的现象。

为什么有麦当劳的地方总有肯德基？

为什么喜茶的附近，总有奈雪的茶？

为什么它们总是"相爱相杀"？

讲个故事，假设一条街上有两家餐厅，分别是 A 与 B，基于客户优先原则，他们各自占领路的两头。但谁不想让自己的客源多一点呢？于是有一天，A 往中间地段挪了挪，这样一来，它不仅可以继续拥有原来的客源，还可以拓展、抢夺新地段的客源；B 看到了，也不甘示弱，也开始挪移。最后，你挪挪、我挪挪，两家店都挪到了正中间，肩并肩，走到了一起。那么，它们的客源有什么变化呢？由于顾客的就餐选择多了，且更加方便了，两家店的客源不仅没减少，反而都变得更多，共同实现了利益最大化。

这让我们意识到，与竞争对手的关系，并非就是"你死我活"，我们要善于借助对手的力量实现自我利益最大化。这本质上是一种"纳什均衡"[1]的双赢。

在现实中，想必你听过这样的表述：中国版玛丽莲·梦露、女版巴菲特，南有张三、北有李四[2]……这样的定位方式，把自己跟能量相对更大的名人放在一起，显然更容易影响用户心智，加速自身发展。

说了这么多，你应该认识到，借位式的定位能助推有实力的人完成临门一脚。相对来讲，这种差异化的定位方式更适合实力派。如果你的力量与想要借位的对象的力量悬殊，则不适合运用这个策略。旗鼓相当，才能借位发展。

---

① 由所有参与人的最优策略组成的策略组合。——编者注

② 仅为举例说明，并非特指某人。

三、在形式上，有模有样

在我看来，形式上的差异化定位是最简便的，但要想做得出色，难度也不小。

我们随便举一个例子，比如，教英语。

假设 A、B、C 三人都自认为擅长且热爱英语，想通过这项技能打造个人品牌，试问，他们如何进行差异化定位呢？

除了前面提到的垂直细分、借位打力的方式，我们可以运用形式这一策略吗？我带着这个问题，在各类平台上搜索答案，没想到，形式还真是五花八门。

我大概将其分为 3 种。

（1）生活还原形式。专门以生活中的各类场景为话题，进行英文教学。比如，"在餐厅点餐，怎么用英文交流？""入职新公司，怎么用英文介绍自己？"这种形式的好处是用户获得感很强，每次可以学会一个知识点；存在的问题是容易被模仿，甚至被超越。

（2）名家语录形式。搜集、剪辑一些名人的英文演讲，这类作品的点赞量往往很高，但需要注意版权问题。我们要明白，这类内容看似数据不错，但做这类内容的账号用户黏性不强，用户点的赞，不是给账号运营者的，而是给那个演讲的名人的。

（3）个人演绎形式。这是很令我惊喜的形式定位。比如，账号运营者亲自站在镜头前，绘声绘色地演绎各类单词的发音，以及各个国家的人怎么说英文等。他把知识点植入各类情景剧，很容易将人带入情境。这类真人出镜且带有情感交流的定位方式，用户黏性应该不错。

我们可以看出，相对来讲，形式本身的门槛并不高，几乎任何人都可以模仿。要想在形式上真正拥有竞争力，**关键是给形式注入灵魂**，即植入你的思想、价值观，而不是只关注行式本身。形式再华丽、再多变，如果没有灵魂，就没有生命力，就容易被对手复制、模仿。

具体来说，怎样注入灵魂呢？

答案是，搭建一个载体。

你可以通过这个载体体现你灵魂深处的个性、情怀、思想、价值观。当然，前提是这个载体你能驾驭且热爱。这样，你就做到了灵魂（思想）与肉体（形式）的有效融合。

来看一个具体的例子。

由于十分热爱美食，我会关注一些美食博主，比如大家熟知的李子柒。

李子柒在抖音、快手、微信视频号等主流平台认证的身份都是美食博主，视频展现的内容是各类手工美食的生产、制作过程。但她给我们留下印象、占领我们心智的是什么？并不是美食本身，而是她通过美食、服饰、手工、田野等元素搭建的一个有形载体；通过对奶奶的关爱、对服饰的审美、与小动物的嬉戏、洋溢在嘴角的微笑等美好画面搭建了一个无形的载体，进而展现诗意的田园生活，以及恬淡悠然的心境，而这就是她作为一个美食博主的精髓。

这些怕是无人可以模仿、无人可以企及的。

我们再来看一个美食博主的例子。

该博主的作品不仅仅告诉你如何制作家常菜，还把你带入旧时光——黑白电视机、电风扇、收音机、老旧自行车、复古的明星海报、老式家具与厨具……搭配着老歌，一下就把人拉回过去，不知不觉中，观众早已沉浸其中。

在这里，他用各类旧时元素搭建了一个有形载体，用"大快朵颐"流露出的享受与喜悦，搭建了一个无形载体，进而展现出对旧日美好时光的怀念。这就产生了与其他美食博主本质上的差异，成为他的亮点。

形式差异化定位，一旦找到了灵魂，占领用户心智的便不再只是你的内容了，而是你这个人。

四、在价值感上，夺人眼球

什么是价值感？

价值感并不等于价值，价值感是让用户觉得"你很有价值"，或者"你能给我带来价值"。当然，前提是你真的是个有价值的人。直白点讲就是通过某种方式让人看到你的实力，看到你的独特价值，从而觉得你信得过。

价值感的塑造，可以分三步来做。

1. 制造价值。

2. 建立信任状。

3. 反复曝光。

怎么制造价值呢？

从你过往的关键事件当中，挖掘出核心亮点，盯住其中的 1~2 个，进行标签化，得到的结果就是你价值定位的锚点。

举个例子。我有一个朋友专门教人跑步，是许多 500 强企业高管的私人教练，指导过许多参加马拉松赛事的选手，解说过一些跑步比赛，因此，他给自己的定位是"跑步教练"。但这一标签显然过于同质化了，还不足以吸引人、体现他真正的实力。因此，基于自身的能力与事迹，他做了定位升级——中国最贵的跑步教练。这样一来，是不是很快就能被人记住？这便是利用"身价"来制造差异化的价值感，从而在同业者中脱颖而出。

我的好友师北宸早前被人记住，也是因为他在"在行"平台的"不菲身价"——写作咨询费 4500 元 / 小时，被"在行"创始人姬十三喻为"在行"最贵的行家。

价值不菲会让用户感觉这一定是个好东西。正所谓"便宜没好货""一分价钱一分货"。这是人之常情。当然，你的价值与价值感一定要对等，否则无法获得长远的发展。

除了"身价"，"江湖地位"也是建设差异化定位的撒手锏。它要求我们要么做到第一，要么做到唯一。

这很好理解。人们会记得第一个登上月球的人、第一个完成全球航行的人。"第一"这个标签会强有力地抢占用户心智。如果达不到第一该怎么办？那就在细分领域里创造一个新品类，创造一个新概念，来打造"唯一"。①

---

① 此处仅为说明此方法的思考逻辑，在广告宣传中应遵守《中华人民共和国广告法》的规定。——编者注

比如，前面提到，在摄影这个赛道，我那位朋友就巧妙地给自己定位为"朋友圈头像摄影第一人"，"朋友圈头像"就是一个新品类；还有个朋友在设计这个领域将自己定位为"视频号形象设计第一人"，落脚点在"视频号设计"这个新品类。

有了第一或唯一的"地位"，我们紧接着就要建立信任状。不能光喊口号，真正令用户信赖的，是你的真材实料。

建立信任状的方法很多，常见的方式有名人背书、荣誉事件、优秀案例、媒体站台、出书、用户见证等，在此不一一展开。总之，信任状越具体越好。

最后就是反复曝光。曝光的目的在于让用户对你看得见、摸得着，在用户心智中持续刷存在感。毕竟用户心智空间有限、注意力容易分散。就连深入人心的可口可乐、苹果系列产品，每年都会在各大媒体平台投放广告，为的就是告诉用户：我还在、我来了。

因此，对于个体来讲，我们必须做到持续输出，在每个人面前不厌其烦地介绍你是谁、你会做什么、你有何不同、你可以帮助哪类用户解决什么问题。持续地讲述你的故事，让用户一提到某个标签第一个想到的就是你，这样一来，你的差异化定位就算成立了。

第五章

—

品牌名：如何起个自带流量的好名字

《定位》中说："在定位时代，你唯一能做到的最重要的营销决策就是给产品起名。"这里用了"唯一""最重要"等字眼来强调，可见一个好名字对于品牌打造的重要性。

在实际辅导学员的过程中，我发现有的人不重视个人品牌的名字，随便取个名字了事；有的人很重视，却又不知道该如何取名。

其实，一个人的名字本身就是一个品牌，而好的名字就像一个钩子，会把你想要连接的人吸引过来。

有一种植物学名叫瓜栗，过去销量一直低迷，后来改了个名字叫"发财树"，销量大增。

一些文人、艺人刚出道时会给自己起个笔名、艺名。其出发点恐怕也少不了想借此增强自己在用户心中的辨识度。

那么对于打造个人品牌来讲，如何起一个好名字呢？什么样的名字才算是自带流量的好名字呢？

一、突出人物

我见过这样的名字：

海阔天空、披荆斩棘的我、站在山岗上、我爱阳光……

看到这样的名字，你的第一感受是什么？

你知道这个名字背后是一个什么样的人吗？

你愿意认识一下他吗？

我想，仅凭这样的名字，大家可能不会有太大的兴趣去了解他。

很多人以为起品牌名就像过去在 QQ 上取昵称一样，随便起个网名就好。二十多年前，喜欢朴树与村上春树的我给自己起了个网名叫"且听风吟"，那时，我觉得自己很有品位，现在想想，着实天真，这就是一个定位误区的典型例子。

要想让品牌名自带流量，首先要突出这个名字背后的这个人是谁。

不知大家发现没有，这些年，在自媒体或知识服务从业者中，特别流行带"辈分"的名字，如"××叔""××爷""××哥""××姐""××妹""××兄弟""××妈""××爸"……放在一起，简直像一个大家族。

这种名字很好的一点是，我们能透过名字，看出这个人的姓氏或名字，甚至还可以看出他的性别、他的身份。也就是说，这种名字不仅可以让其他人知道他是个活生生的人，还能让人知道他大概是谁。这让人有了对品牌的第一印象。

如果你本身具备了一定的名气或人气，那么我建议你直接实名认证，这样辨识度反而更高，读者、用户一看，就知道你是不是他想找的那个人，如，易中天、戴建业、罗永浩、李宁、雷军，等等。随着个人影响力的提升，名字就成了他们品牌价值中最重要的一部分。

当然，如果你觉得自己的本名特别好听、好记，那么即使没有多大的知名度，用本名作个人品牌，也是可以的。毕竟，线上平台还设有"个人简介"一栏，你可以在简介中介绍自己的个性、优势、价值观，以及能为用户带去什么价值，这会让用户对你这个人留下印象。

除此之外，"**身份 + 名字**"或者"**名字 + 身份**"也是有辨识度的起名策略。例如，母婴自媒体"年糕妈妈"，"年糕"是她孩子的小名，"妈妈"则是她的身份。用户一看，就知道这是一个人，而不是某个企业或组织，甚至还能猜出她是做什么的（她的身份）。

二、突出优势

好的名字，或者说，自带流量的名字，除了能让用户知道你是谁，还能让用户知道你是做什么的、你擅长什么、你能帮用户解决什么问题。

举个例子，企业品牌当中，百果园、喜茶……光看名字，你大概就能知道它是做什么的。所以说，能反映品牌定位的名字大多是好名字。

起个人品牌名，也是同样的道理。

归纳起来，可以遵循这一组合：

名字 + 专业定位。

比如，你是名摄影师，名字叫张三，那么你的品牌名可以是"摄影师张三"或"张三教你拍美照"，既突出了名字，也彰显了身份。

我个人特别欣赏的博主们也是按照这样的方式取名的，如我的一位擅长蒙氏教育的育儿博主朋友亚楠，品牌名就叫"蒙氏育儿亚楠说"。

这种取名方法几乎适合99%想要打造"**知识IP**"的人，能让你在起始阶段，尤其是在新的平台上，快速被人识别，吸引用户关注。

如果你走的不是"**知识IP**"的定位路线，或者专业领域不足以彰显你的内在价值，抑或你还想展现一下自己的个性，那么你可以尝试另外一种取名技巧：**名字 + 态度**。

所谓态度，可以是你的价值观、个性宣言，或者你的思考，等等。

再拿张三举例，如，张三的打怪日记、张三就爱吐槽……

这类取名方式的关键在于，**你的"态度"要能反映你的真实个性或价值观，且这种个性与价值观符合你的人设及定位。不能什么词火用什么，或者一时兴起取名。**

三、简单可辨

如果一个名字能做到简单可辨，那么会更有利于传播。有了传播，我们才能吸引更多的潜在用户。但在使用这一方法时，请注意以下3点。

1. 不要使用谐音

很多人热衷于"谐音梗"，还觉得自己特有才，其实这种名字很容易被写错或记错，在传播时会受到影响。

我有个学员叫李一明，他给自己起了个品牌名叫"一明惊人"，看上去好像还不错。一开始,他自己也这么觉得。但慢慢地,当他有了一定的人气与流量后,读者老是写错他的名字,新用户叫他"一明惊人老师",听起来也颇为怪异。后来,他不得不改名。

2. 不要有生僻字

如果你的真名中有生僻字,我建议你尽可能地规避它,你可以取个艺名或者使用其他表达方式。有生僻字的名字不仅影响读者有效称呼,甚至连搜索都要费很大劲,无形中延长了用户触达你的路径。

3. 名字不要太长

名字太长,不仅在平台上显示不全,还会弱化品牌名当中的核心关键词。名字越简短,反而越聚焦,越有辨识度。

以上 3 点是我目前见到的初次做个人品牌的人需要注意的事项。

总之,好的品牌名一定要简单可辨,便于二次传播。一切阻碍品牌传播的文字与表达结构都不可取。

四、保持一致

在起名时,我还需要提醒你的一点是,在不同平台的**品牌名要尽可能保持一致**。

你在 A 平台叫张三,在 B 平台就不能叫张四,更不能叫李四。不同平台上的名字要尽可能保持一致。名字一致会让用户更快速地找到你、识别你,且能保护你的品牌。

在什么情况下可以改变名字呢?只有一种情况,那就是在拓展新品类、打造新的子品牌时。

比如，樊登老师的个人号叫"樊登"，给自己的读书社群取名为"樊登读书"，所有想要涉猎的线上、线下平台均使用这一名称。

面对要不要改名的问题时，我认为最应该问的**其实是你的用户**。如果你改名并不影响用户对你的认知和连接，反而能帮助你获得更高的人气，那么何乐而不为呢？反之，如果你一改名字，用户很难找到你，甚至不认得你，那你改名字的意义又在哪里呢？

说到底，好的名字都是为了让更多的目标用户更好地靠近你、了解你，从而给你带来更多机会、更多好运。

辨识度：让目标用户记住你的 2 个关键

给你讲一个我自己的故事。

2009 年夏天，我离开深圳去了苏州吴江，在一所民办学校当老师，教小学语文，那段时间，我有着简单、纯粹的快乐。

每天 6 点起床，陪孩子们晨读；每天放学，因为舍不得他们离校，便像老父亲似的，站在教学楼前目送他们回家；晚上，还把他们写进我的《苏州日记》，再次回味一番；周末也不闲着，常常忍不住去找他们，约着一起郊游、野炊等。那时真是岁月静好。

如今十几年过去了，当初的"小不点儿"都二十出头了，令我喜出望外的是，不少学生通过各种方式联系到了我，加了微信。

我打趣他们："你们还记得我啊？"

他们回道："我们对伍老师的记忆，可深刻着呢。"

分享几件他们对我记忆深刻的事。

（1）伍老师一头长发，整个冬天都穿着一袭黑色长风衣，独来独往，特酷！

（2）伍老师讲课时，常常一屁股坐在讲桌上，激情四射、唾沫横飞！

（3）伍老师口袋里随时装着各种糖果，机器猫似的，随时都能掏出一大把。

（4）伍老师爱"拔刀相助"，看见学生受罚总会前去解围。

（5）离校前，伍老师给我们出了一套"期末试题"，考查我们平常跟老师互动的内容，如，伍老师是哪里人，3分；你会用什么词来形容伍老师，5分……

说实话，隔了这么久，听他们说起这些往事，我还是忍不住湿了眼眶。

但我也在思考：为什么学生们会把我记得这么清楚？我在哪些地方给他们播下了记忆的种子？

基于我对个人品牌的理解，一个人能被另一个人或另一群人记住，以下2点，至关重要。

一、利用身体条件，制造记忆点

玉树临风的男性、风姿绰约的女性，总能在一众"路人甲"中脱颖而出。当然，五官、身材独具特点的人，也能引人瞩目。视觉形象，往往最直接、最容易映入眼帘。

在打造个人品牌时，如果能在自身外在或内在条件上做点设计，是不是也能增加用户的记忆点呢？答案是肯定的。

这里的设计，并非叫你去整容，而是挖掘自己身上的某个特点，使之显性化，比如，**改变着装、设计口头禅**，甚至展现某种"**缺陷**"。

提到外在着装，我们可能会瞬间想到雷军的牛仔裤、罗永浩的藏蓝色衬衫、周鸿祎的红衣、扎克伯格的灰色 T 恤……类似的例子不胜枚举。

在很多公开场合，他们总是选择这类"一成不变"的着装与造型。

因为不变，时间长了，次数多了，反倒成了一种个人符号，在用户的记忆中留下烙印。

我的学生之所以能记住我，对我留下记忆，少不了我的"长头发"与"黑色风衣"的功劳，今天的我，着装风格有了许多变化，我早已剪掉了长头发；在公开场合，如课堂上，我的着装早已变成了白衬衫加牛仔裤加小白鞋，起初主要是觉得这样穿舒服，后来就成了习惯，这倒显得跟大多数西装革履的职业讲师有所不同。这也给我的许多学员留下了不一样的印象。

除了着装，口头禅也是增强个人辨识度的一个简单有效的方法。

早年看春晚，听到"想死你们了"这句话，你会想起什么？很多人应该能立即想到：冯巩来了。

口头禅不仅是一种互动方式，还是鲜明的个人特征的展现，它能告诉用户你是谁。

增强辨识度还有一个意想不到的方法，即展现"**缺陷**"。

也许你会说，"缺陷"怎么可以拿出来说事呢？藏还来不及。

人的确都喜欢扬长避短，从小，身边的人也是这么教我们的。这无可厚非。但我想跟你说的是，只要这个"缺陷"与伦理道德、职业操守无关，如果我们可以正视它、适度展现它，它就极有可能成为我们的"王牌"。

举个例子。

近几年在抖音上火起来的"网红教授"戴建业，授课时带着湖北麻城口音，最初被学生、同行诟病，戴老师自身也颇为在意，还为此自卑了好几年；后来，他觉得自己怎么练习也难改一口乡音，索性听之任之，一门心思扑在教研教学上；再后来，大家都知道了，戴老师成为"超级网红"，而那一口"麻城味儿的普通话"，反而让他在粉丝群中有了极强的辨识度，给他的幽默形象增色不少。

歌手周深选秀出身，比赛名次也并不理想，但名气很大，很大一部分原因在于他的嗓音极具辨识度。殊不知，从小到大，因为这个特别像女声的嗓音，他曾被人讥笑、挖苦，他一度视其为缺陷不敢开嗓歌唱。好在周深懂得将这所谓的"缺陷"转变为自己的特色，凭借一曲《大鱼》，让万千观众折服。

阿杜、杨坤、张宇等歌手，都有过同样的经历，他们后来却成为许多人争相模仿的对象，正是同样的道理。

可见，这里的"缺陷"并非传统意义上的不足，只是你身体条件或行为习惯的一个特点，是你不同于常人的特征。

快手早期的天使投资人张斐也表达过类似观点："我常常认为你的天赋来自你的缺陷，你所有的强项都可以被复制，但你的缺陷却很难被模仿。"这句话，深得我心。

不管怎么说，利用身体条件制造记忆点，发挥"缺陷"的力量，是提升辨识度的一个极为有效的方法。需要提醒你的是，不要为了夺人眼球而扭曲自己，不要错把精神丑陋当成"缺陷"之美。任何外在特点只是基本功，并不能从本质上给用户留下深刻的印象、带来强烈的冲击感，我们还需要集中注意力在内修上。

二、在风格上，践行个性点

内修最好的方式之一就是修炼自己的风格，让风格替你说话。

喜欢古诗词的人应该知道，著名的诗人的风格都非常明显。李白被誉为"诗仙"，杜甫则是"诗圣"，王维是"诗佛"……这些称号除了与其极具特色的作品风格有关，还源于诗人本身的个性与态度。

可是，在个人品牌打造如火如荼的今天，很多人把焦点放在如何涨粉、如何变现上，鲜少有人真正回到自己作为一个独特的人的角度去探索答案、修炼自身。这就有点本末倒置了。

真正深入人心、拥有高价值的 IP，首先一定是一个"个性鲜明的人"，有自己的态度与观点，有自己的个性与原则，有自己的偏好与坚守。

这一点应该不难理解，但做起来很难。

不少有影响力、公信力的人都颇有个性。

比如，董明珠与雷军豪赌 10 亿元的行为，让她备受瞩目，但真正令她走进用户视野的，源于她鲜明的"铁娘子"式的个性。竞争对手曾评价她，"董女士走过的路，都生不出草"。这话不是没有理由的。董明珠曾说，为了格力，她与亲哥绝交 20 年。原因是，她拒绝哥哥帮经销商"走后门"，优先拿货。在公司内部，她也任人唯贤。她的种种"不做"，让大众对她、对格力的产品，都产生了高度信任。

提到企业家，几乎绕不开乔布斯。外界对乔布斯的评价有"偏执""狂妄""特立独行"等。可是，如果你使用过乔布斯任职时期"苹果"的产品，看过《史蒂夫·乔布斯传》，你就能明白，乔布斯并非真的"目中无人""肆意妄为"，相反，他带着极大的勇气在跟这个世界说"不"，他打破惯例，真正忠于自己、忠于用户，给这个世界带来了颠覆式的创新。

也许在旁人看来，这些有个性的人满身是刺，不好相处，但其实，他们有着一针见血的真。这份真，让他们活出本我。

本我，不就是最舒服、最鲜明、最独特的个人风格吗？

当年在苏州吴江教书的我，自认为活出了本我，正如孩子们回忆的：

"讲课讲激动了，随性地坐上了讲桌。"

"看见学生受罚，便不管不顾地替学生解围。"

"口袋里随时装着糖果，常会分几颗给学生。"

基于种种行为特质，学生们给我贴了标签：全校最酷的老师、糖果老师、帅哥老师……

回想起来，那时的我，活得多么阳光、爽利啊。哎，现在变得正经了——上起课来一本正经，说起话来一本正经，做起事来一本正经，少了许多生气，但我始终坚守与践行以下原则：

不上门（若要我上门谈判，只能说明我的影响力还不够，是我的问题）；

不讨价（有人讨价，表明我的付出、我的作品在对方心中不值那个价格，是我的问题）；

不应酬（我既不胜酒力，也不喜欢目的性强的社交活动，是我的问题）。

这三个"不"说到底是我个人的问题。我只有时刻要求自己做得更好一点。这是本分，也是本质，更是通往用户内心的最短路径。

有人热衷于制造绯闻、策划虚假营销事件，以此来获得曝光，试图被人记住。短期来看，这的确会被人"津津乐道"一段时间，甚至成为热门话题，但若是没有实力支撑的"曝光"、没有实力支撑的"风格"（不作为）、没有实力支撑的"特点"（外在造型），一切都会是浮云，随时间的推移而消失殆尽。

《寻梦环游记》中讲：真正的死亡，是世界上再也没有一个人记得你。

要想不被遗忘，就要做个对他人真正有用的人。

没有什么比用作品、用结果说话更酷的事了。

第七章

打造人设：真实就是最好的人设

　　某次课堂上，学员问到我一个有趣的问题：为什么如今真人秀节目这么火？

　　想想还真是。《爸爸去哪儿》《妻子的浪漫旅行》《奔跑吧兄弟》《乘风破浪的姐姐》《披荆斩棘的哥哥》等各大节目争奇斗艳，好不热闹。

　　抛开节目策划、制作、宣发等因素，推动它们火的根本原因在于，它们恰巧满足了观众的好奇心——对明星生活的好奇心。观众想看一看明星究竟是怎样的一个人。

　　现在，我也想问你一个问题：你觉得在这些真人秀节目里，什么样的明星更受欢迎呢？是名气更大的？颜值更高的？还是擅长幽默搞笑的？

　　很显然都不是，而是那些从头到尾都很真实的人。

　　在今天这个互联网时代，热点信息层出不穷，几乎隔一段时间就会看到人设崩塌的消息。

　　为什么人设会崩塌？

没装好呗。

因为他们自始至终都不是网友想象中那样的人。要知道，群众的眼睛是雪亮的，更何况当今社会获取信息如此便捷，想要隐瞒几乎是不可能的。

培训行业也存在人设崩塌的情况，究其原因，有些教个人品牌打造的"老师"的做法真的令人恼火，他们一门心思教学员如何包装（伪装）自己。

比如，他们会教学员想方设法跟名人合影，然后发朋友圈；教学员想方设法穿名牌、晒豪车、晒别墅，让用户觉得跟着你干有利可图，等等。其实，这都是很拙劣的套路。可悲的是，还真有不少学员去践行。

殊不知，所谓人设，都应建立在真实这个系统之上。我认为，本色才是最好的人设。那么，本色、真实又是什么呢？有没有什么方法能打造一个立得住且受欢迎的真实人设呢？

我想，下面这 3 点也许可以帮到你。

一、真实的前提是真材实料

说白了，真实就是不要不懂装懂。

我的 IP 社群中有个学员是博士学历，大伙送他的标签是"才高八斗的 × 博士"。在某次社群荐书环节，他列出一个包含十几本书的清单。说实话，看到那个书单时，我自愧不如，因为那些书我没读过几本。

"这个社群真是高手如云。"当时我这么想。

不久之后，在某次线下活动中，有同学问起 × 博士的书单，并挑了其中某本书，要 × 博士给大伙儿分享。× 博士瞬时脸红了。起初，大家以为他是紧张羞涩，就给他掌声鼓励，没想到真实的原因是 × 博士只翻过那本书，根本就没真正看过。在现场分享会上，站在台前的 × 博士含糊其词，说了一堆正确的废话，随后在稀稀拉拉的掌声中黯然退场。自此，× 博士的书单不再具有参考价值。

再给你举个正面例子。

高瓴资本创始人张磊是中国顶级的投资人之一，他人生很重要的一个转折点出现在耶鲁大学。在那儿，他进入耶鲁大学首席投资官大卫·斯文森门下实习。

当时，在耶鲁投资办公室里，不苟言笑的大卫·斯文森问了中国留学生张磊许多问题。在面对自己不懂的问题时，张磊如实回答"我不知道"，这让大卫·斯文森感到很惊讶，因为其他候选人都侃侃而谈，仿佛什么都懂。但张磊用他的真实打动了大卫·斯文森。自此，张磊也开启了迈向顶级投资人的旅程。

在互联网上，几乎随处可见各种大咖。每当有学员问我某某的课怎么样、某某值不值得跟随学习时，我都会教他们一个评估方法：

看他自己做到了没有。

跟着有成果的人学习，总不会差到哪里去。

反过来讲，只有做到了"有成果"，你才能建立个人品牌，也才能被人信赖。正所谓，光说不练假把式。

如果还没有成果怎么办？那就加强练习，让人们看到你真的在努力、真的在行动，这也会大大提升人们对你的好感。就拿情侣吵架来说，口头道歉可能并不是最管用的，但如果你采取行动，做一道对方最爱吃的菜、精心准备一个对方喜欢的礼物，也许比嘴上说说有用多了。

二、真实的魅力也有小缺陷

你相信世界上有完美无瑕、无可挑剔的人吗？

反正我是不信的。

可奇怪的是，许多人在费尽心思追求完美，试图让全天下人都喜欢上他。殊不知，这种自以为是的完美会让人对他望而生畏、避之不及。

很多学员都有过这种困扰：很多时候，正儿八经、辛辛苦苦制作出来的视频竟不如随手一拍的视频受欢迎。

这是为什么呢？

画面、显示效果可以精心设计，但**一个人的感情、神态、情绪是没法被精心设计的**。很多时候，随手一拍的视频往往更自然、更接地气。

我的一位学员某次拍摄视频时，家里突遭停电，但他没停下来，索性用手电筒照着，坚持拍完了视频。没想到，这条视频获得了3000多人点赞（远高于当时他其他的视频）。

李笑来也表达过类似的观点："你的本色就是你的特色，你的本色和特色就是你的优势——不要去模仿他人，不要去跟风，保持本色才是最大的长期核心竞争力。"

而我们很多人总想把这份特色与优势隐藏起来，试图以一个完美人设出现。

雷军是我很喜欢的一位企业家。除了欣赏他的才能，我更喜欢他的"缺陷"之美。2015 年，雷军举行产品发布会时，蹩脚的英文逗笑了在场观众，有网友甚至把他的英文演讲制作成歌曲，《Are you OK》几乎成了当时互联网上人人皆知的"神曲"，而他也欣然接受了网友的调侃。那次"事故"不仅没让雷军形象受损，反而让他因真实、坦率的性格获得更多的关注。

我曾问一些在我看来能力、资质都还不错的学员为什么不做微信视频号，听到的理由几乎都是"还没准备好"。在我看来，他们其实一直都背着"偶像包袱"，放不开。

这样表达，我的大客户会怎么看，我的前辈会怎么看，我的同事会怎么看，我的伴侣会怎么看……

实际上，说得不客气一点：你哪有那么多观众啊。

更何况，如果你表达的都是真情实感，你有什么可害怕的？

再进一步讲，如果你的真情实感让某些人不舒服，进而对你有了看法，你应该高兴才对啊——你终于可以删除一个"道不同不相为谋"的朋友了。

打造个人品牌并不是要你讨好、改变所有人，而是要吸引、连接同频的人。你越真、越强，主动找你的同路人就越多。

记住，展现小缺陷能让你交到真朋友，能赢来真人气。我衷心奉劝你，不要再"端着"了。

三、真实的力量在于价值观

很多人欣赏易立竞的访谈风格，认为她什么都敢说、什么都敢问，真够"硬"，也真过瘾。其冷峻、犀利、手术刀式的访谈方式，"哪里痛就戳哪里"的求实态度，让不少明星手忙脚乱。但意外的是，大多数人并没有对易立竞产生抱怨、报复心理，不少明星反而对她赞赏有加，易立竞也因此圈粉无数。

喜欢易立竞的人大多喜欢的是她坚守的态度——大胆而直接，真实而有力。

这是一种能力，更是一种品质。

在我的个人品牌课上，验收学员的内容创作成果时，我依照以下 3 个标准。

1. 你的作品、内容有没有植入你的价值观？

2. 你的价值观能否诠释你最真实的想法？

3. 你的真实想法是否给你的用户带来了正向价值？

也就是说，**真实的价值观建设首先要听从内心，其次要立场鲜明，最后要有真知灼见。**

如果满足上述条件，我相信用户一定会深切感受到你人品、作品的魅力，进而被你圈粉。

许多朋友都给过我一个评价，说我的销售技能很强。我听了有些诧异，因为我既不会说客套话，也不会喝酒、讲段子，甚至对很多销售技巧无所适从，因此还给自己公开定过几条原则：不上门、不讨价、不应酬。

朋友又认真地补充说："你销售的是你的价值观。"

这倒是真的。

并不是说我有多伟大、多有智慧，相反，我就是一个很普通的人，所以我必须把内容（作品）做好，践行承诺（人品），至于用户怎么看我，那就是他们的事了，这是我无法左右的。

做个好人，本色出演人生这幕戏，不比什么都重要吗？

第八章

小白红利：普通人也能打造个人品牌

前文提到，打造个人品牌最好建立在热爱、擅长及需求 3 个锚点之上。但在现实生活中，有很多人问我："我是一个普通人、是个'小白'，但也想打造个人品牌，可以吗？"

我往往斩钉截铁地回答："当然可以！"

毋庸置疑，这是一个个体崛起的时代，每个人都有发声的机会，只要你愿意表达，只要你肯付出努力。

有一年，我回湖南老家，约见了几个自媒体创业的老乡。令我诧异的是，老乡们在这个刚摘掉"国家级贫困县"帽子的五线城市，活得特别滋润。他们有铁粉、有广告商合作，将品牌运营得有声有色。

说到这里，也许你迫不及待地想知道，他们的定位是什么？他们做的是哪方面的内容？

用一句话来表达，就是**本地生活**。

就是本地人为本地人提供的各类服务性内容。[①]

他们涉足旅游、美食、教育、读书、美妆等各个有市场需求的领域。值得一提的是，不管在哪个垂直领域，这些老乡运营的账号都有数万、数十万用户关注，阅读量极高，粉丝黏性极强。

这些账号是怎么做起来的呢？

"用心做好服务者。" 老乡们几乎异口同声。

你看，多么简单又有效的方法。

我自己也关注了不少本地账号，甚至每到一个城市，都会在微信公众号搜索栏里搜本地账号，浏览关注。

原因很简单：有了它们，我可以及时获得本地资讯，提升效率，还可以加入本地各类圈子。

对于普通人来说，本地生活显然是一个打造个人品牌、运营账号的绝好机会。

也许你会说："这么好做，市场早饱和了，哪还有什么机会？"

我想说的是，这的确是一条简单且有效的路径，但并不意味着好做、容易做，它需要你有**服务者**心态。光这一点，就可以淘汰很多唯利是图、急功近利的人了。

另外，在我看来，服务属性的市场不存在绝对的饱和状态。服务者越多，往往越有利于这个领域发展，也就是说，没有哪个用户会拒绝有人给自己提供免费且优质的服务，并且这项服务还是自己的刚需。

今天，互联网给了每个人一个超级权限——开一个属于自己的本地自

---

① 此处的"本地"与户籍无关，泛指在当地工作、居住的人。

媒体账号，连接本地人群，给其提供资讯与服务，获得信任。个人品牌也就开始发酵了。

做个本地生活的服务者，这样的定位，建议你不要错过。

除此之外，普通人还有其他机会吗？

当然有。在我看来，普通人反而比所谓的"专业人士"有更多的选择，更容易获得关注、得到曝光。当你从一个普通人不断变得"专业"时，就会有更多见证你成长的普通人视你为榜样、偶像，愿意学习你、追随你。

接地气的内容、真实的生活状态、没有专业背景的素人，这在任何内容平台都随处可见。令人欣喜与惊讶的是，其点赞量与粉丝数还真不少。

随便给你举几个例子：

张同学、麦小登、养猪少女雯雯、小赵的欢乐日常、晶晶的农村生活……

打开他们的视频你会发现，他们输出的内容几乎都是日常生活，如做饭、逛街、约会、干农活、做家务、上班、教育小孩，等等。

恰恰是这些在我们看来习以为常、不值一提的小事，让他们吸引了几十万、几百万、上千万粉丝的关注，而且每条视频的互动数据也很好，可见用户黏性也不错。

我想说的是，普通人除了做一个本地生活的服务者，还可以尝试做**个人生活的分享者**，分享你的日常琐事，分享你读过的书，分享你种的水果蔬菜，分享你的学习成长……总之，把你日常生活、工作中那些正面的、温暖的、真实的心情与故事展现给众人。如此坚持下去，你一定会吸引你的同频者，影响某一部分人。

但我必须提醒你，所谓"个人生活的分享者"并不是简单粗暴地把你的日常生活用手机或相机拍摄下来，然后点击上传。这样的做法几乎很难创造价值，所以没有太大的意义。

不管你想要输出什么，不管你这个人有多普通，你分享个人生活的前提是：**你还算是一个有趣的人**。

这就是那些没资源、没背景、没绝招，甚至没颜值的普通人打造个人品牌的核心秘诀。

那么问题来了，什么是有趣呢？

有趣绝对不是你多么搞笑、多会讲段子（尽管有些搞笑、会讲段子的人确实很有趣），有趣也不是你多么智慧、多会说话（尽管有些智慧的人、会说话的人的确很有趣），这里的有趣，要求**你是一个热爱生活的人**。

热爱生活的人不会发一些抱怨、无聊的内容去干扰用户；热爱生活的人不会把日子过得一地鸡毛，如一潭死水；热爱生活的人就不会丧失人格、毫无主见；热爱生活的人一定爱笑、爱身边的人，容易被那些美好而温暖的人、事、物所感动。

如果你也是个热爱生活的人，如果你正努力公开分享，如果你也想打造个人品牌，那么只要用对了方法，你这个普通人也将变得不再普通。这不是鸡汤，这是互联网带来的机会。

事实上，热爱生活不光是打造个人品牌的基本素质，也是在这个世界谋求发展的一项硬本领。正应了那句话：爱笑的人，运气总不会太差。

总结一下，普通人打造个人品牌的切入点有以下两条：

1. 做一个用心的服务者;

2. 做一个生活的分享者。

任选一个方向，认真做下去，相信结果不会太差。

任选一个方向，认真做下去，你也有可能收获众人的关注。

PART

2

第 2 部分

专业度
从被记住到被认可

要想获取铁杆粉丝，光被人记住是远远不够的，必须让粉丝能在你这儿获得他要的解决方案，即你能真正帮助对方。因此，你要么在能力上变得更强，要么在情感层面变得更具同理心，也就是我们说的解惑或解忧。如此，你与用户的关系才能维持。

专业度具体体现在：输出的内容是有体系的，能创作爆款，口头表达能力或写作能力过关，有自己的代表作，能持续输出。从被记住到被认可之间隔着一条"专业度"的河流。专业度做好了，认可度就来了。

第九章
—

内容体系：做内容输出时，如何体系化运作

精准定位及人设打造能让目标用户很好地记住我们，但如果想让目标用户真正认可我们，离不开一个底层因素：我们的专业度要高。想让一个普通粉丝成为铁杆粉丝，在很大程度上，你要为对方创造价值。说白了，你要让用户深切感知到你就是他要找的人，你能解决他面临的问题。

因此，我们在公开表达、做内容输出时，一定要体系化运作。这就好比建一所房子，确定了地基，我们还需要提前设计好完整的户型图，确定配置多少间房、每间房的用途是什么、每间房的格局及装修风格又是怎样的，等等。如此，房子才能成型，且满足户主的实际需求。

很多新手在线上平台公开表达时很容易犯的毛病是随意发挥。就像发微信朋友圈一样，想到什么就发什么，想什么时候发就什么时候发，毫无章法。微信朋友圈的确可以很随性（如果你不依靠它来打造个人品牌），但某个特定平台更像属于我们个体的一个"电视台"。既然是"电视台"，我们就要做好栏目规划、内容建设，要让关注它的用户知道，在你这里可

以看到什么样的内容。

成体系的内容规划不仅能让用户感知到你很专业，还能让他们更全面地认识你、了解你，进而对你产生强烈的信任感。

那么，如何有效搭建 IP 内容体系呢？

我认为，一个完整的 IP 内容体系搭建可以分为三个步骤，分别是"秀肌肉""展温度""撩产品"，下面我来逐个拆解。

一、秀肌肉

秀肌肉是什么意思呢？表达、展示你的专业性。

这一部分在整个内容体系搭建的过程中应占据大块，即 60%，尤其是专业人士（律师、医生、记者、会计师、投资人、保险代理人等），更应该重点强化这一部分，以展示你的专业能力、解决问题的能力，让用户信赖你。

从哪些方面打造专业内容呢？

第一，基于你的 IP 定位、进入的赛道、塑造的身份，输出符合人设及定位的内容。比如，你是一个财经博主，那么就应该让关注你的用户看到并学习与财经领域相关的专业知识；你是一个育儿教练，那么 60% 的内容就应该围绕育儿话题展开。

第二，输出与人相关的内容。比如，讲你的企业、你的客户、你的团队、你的合作伙伴的故事，当然，还有你个人的故事。透过你与他人的关系视角来展现你的专业，比如，你是如何交付产品的、你是如何赋能他人的、你帮助什么人解决过什么难题，等等。

但一个人认可另一个人不完全是因为他有解决问题的能力，还因为他**具备某种让人信赖的特质**。由此可见，在内容体系当中，还应设置一个栏目来展示你的温度。

二、展温度

展温度，顾名思义就是在你的用户、读者、粉丝面前展示你鲜活、真实的形象。你的烟火气、你的灵气、你的喜气，乃至你的脾气，都可以真性情地表达出来。不论通过文字表达，还是通过图片或视频的方式，这一部分应该在你整个内容体系中占据 30% 的空间。从个人品牌打造的角度来说，它不仅可以锦上添花，还可以直接让陌生用户对你这个人的好感得到指数级增长。

我个人的视频号开通至今只更新了三四十条内容，但在创作早期，我就做了体系化的布局。除了讲个人品牌专业知识，我还设置了一个音乐栏目，分享一些我特别喜欢并打动过我的歌曲。音乐栏目一推出，就获得了很多用户的喜爱，他们纷纷在评论区留言说"看到了一个文艺范的伍老师"，潜台词是看到了我的另一面。

我的学员也常常给我带来正反馈。他们在内容模块中尝试"展温度"后，其用户黏性明显增强。他们有的分享自己的日常生活，有的分享自己的旅行经历，有的分享自己的小爱好……凭借此类展示，他们获得了不少关注。所以你看，展温度对个人品牌建设增色不少。

说完了 90% 的内容，剩下的 10% 在内容体系搭建过程中应该分配给哪个环节呢？不妨把它交给你的产品。

三、撩产品

我之所以用"撩"，说白了就是不要将太多精力用在营销上，但这一步也不能没有。所以这一环节只占据非常小的比例，即 10%。

撩产品并不意味着不好意思谈钱。恰恰相反，撩产品能带来一定的经济收益。在我这里，"撩"只是一种方式，它建立在不打扰用户、尊重用户的前提下。一个好的产品，如果销售方式不对，即使用户很需要，也可能因销售方式不当而招致用户的反感，从而无法成交。

那么，我们具体应该怎样撩产品呢？请做好以下 3 点。

第一，选对产品。不论虚拟产品，还是实体产品，都必须符合你的人设，符合你大多数用户的实际需求。这是前提。

第二，包装你的产品。将你的产品植入你的内容。比如我们常提的"软文"。一篇好软文的首要任务是不引起用户的反感，即使用户知道你在带货。

第三，带货的频率不要太高。真正的高手会激发用户的需求与好感，进而让用户主动购买。

总结一下。搭建内容体系的过程中，秀肌肉、展温度、撩产品应分别占据 60%、30%、10% 的比例（也可称之为"6-3-1 原则"），三者缺一不可。

当你按照这一原则搭建你的内容体系时，你的内容将不再单一、不再枯燥、不再同质化，用户对你的感知也会是专业的、有温度的、可连接的。

第十章
—

打造爆款：打造爆款内容的 4 个底层逻辑

想要搞清楚爆款内容的底层逻辑，首先要清楚什么样的内容是爆款内容。

通常而言，爆款内容指点赞数、评论数、阅读数均达到一定高度的内容。公众号运营者常常以"10 万 +"[①] 来表示该内容受欢迎；视频号、抖音、快手等短视频博主特别喜欢拿点赞数来衡量作品是否火爆。这些数据的确能反映作品的热度，但在我看来，真正的爆款内容不应该仅仅靠这些来衡量，**转发数及转化率**才更应该受到关注。

转发数代表有多少用户愿意将你的内容主动传播给他的亲朋好友，这体现了用户对你内容的共鸣与认可程度；转化率指通过这条内容，围观的人群当中有多少人关注了你的账号，或是愿意购买你的产品与服务，这体现的是用户对你这个人的信任度。

---

① 指阅读量超过 10 万的作品。——编者注

当转发数与转化率提升时，你的点赞数与阅读数自然也差不到哪里去。我们在创作时不要本末倒置，要深度思考以下问题。

什么样的内容会让用户产生共鸣？

什么样的内容会让用户对我们产生信任感？

这样深度剖析，我们才能真正触达事物的本质，不会把注意力放在如何引导更多人点赞上，而是把更多心思放在如何使后期传播更有效上。

下面我来介绍打造爆款内容的 4 个底层逻辑。

一、帮你的用户发声

我在辅导学员的过程中发现，很多人特别容易掉到自说自话的陷阱里。我有什么、我会什么、我喜欢什么、我最拿手的是什么，我就去讲什么。

这类人并没有站在用户的角度思考：我这条短视频、这篇文章解决了什么人的什么问题。

内容传播的本质，是你帮我说出了我想说的话，做到了我想做的事。

我视频号中有一条《你知道胖东来是谁吗》的内容"莫名其妙"地火了。视频刚发布时，各项数据都很平常——几十人转发、几百个人点赞、阅读量也就几万，但随着时间的推移，在一年多之后，这条内容的数据发生了翻天覆地的变化——1.3 万人转发、7.8 万人点赞、阅读量达到 260 多万，而且一点也没有要停下来的意思，仍在持续不断地给我带来新用户。

深度拆解这条内容，我们不难发现，这条内容之所以取得这样的成绩，最根本的原因是我在帮用户发声。在这条内容的评论区，我们可以看到众多跟"胖东来"相关的人——胖东来的员工、胖东来员工的亲朋好友、胖东来集团所在地的市民……

这群人是在为我点赞吗？其实不是，他们赞的那个人叫于东来[①]。他们只是在为胖东来点赞吗？其实也不是，他们把转发与转化都给了我，感谢我说了他们想说的、做了他们想做的。可以这样理解：他们欣赏我做这件事的眼光与品位，赞赏我在这件事上的态度与认知。

基于这一底层逻辑，我们可以归纳出一个打造爆款内容的公式：

话题自带流量 + 戳中痛点，代替用户发声 = 自动传播，生成爆款

也就是说，你讲述的主题，自身要具有一定的热度，在此基础上，按照你的判断与见解，你要分析这个主题想表达什么。做了这些工作后，剩下的就交给时间、交给用户吧，好的作品自然会被用户传播。

想想看，很多爆款内容是不是遵循这个逻辑？

比如，我有许多金融保险行业的学员，每当有名人、有影响力的人物谈论保险这个话题时，他们定会主动点赞、转发分享，借助权威的力量去表达自己的观点。

再比如，很多博主专门研究大家及大家的作品，借助大家自身及其作品的影响力给自己带来关注，比如易中天品三国、蒋勋说红楼、戴建业讲

[①] 胖东来集团董事长。2021 年 7 月，他亲自带队前往郑州开展救援活动。——编者注

李白、六神磊磊说金庸……

从帮用户发声到借 IP 打造 IP，进而完成自我 IP 的塑造。

需要提醒你的是，帮用户发声并不意味着要你迎合、讨好用户，恰恰相反，我们要坚持表达自己的真实观点与认知。在这个主题下，当我们的观点与认知和某些用户的观点与认知契合，或者帮助某些用户看到了不一样的东西时，我们就与用户产生了共鸣。

二、表达你的态度

很多人创作的内容要么拾人牙慧，要么人云亦云。运气好，说不定还能火一阵子。殊不知，这样的作品，没什么生命力。没有态度就没有灵魂；没有灵魂，用户就很难通过作品认识、连接你这个人。

想想在现实生活中是不是遵循同样的逻辑？那些和稀泥、没主见的人往往取得不了什么大成就，因为没几个人真正欣赏、认可他们。

什么叫有态度？

有态度并非叫你学法家思想、秉持"不是你死就是我活"的极端观点，也不是叫你像某些网民那样无端叫嚣，而是在面对冲突或诱惑时，能坚守自己的原则与价值观，并在此基础上，说自己信奉的真话，做自己做得到的实事。这是一种态度，也是一种个性。在创作时，这种态度与个性也往往会带来意想不到的独特观点。

我在招私教学员时最重要的一项评估标准是看对方有没有态度，有没有个性。如果没有，纵使他一表人才、特点鲜明、学历亮眼、家境优渥，那么，他也很难在竞争激烈的平台中脱颖而出。

熟悉我的人大多认为我还算是个有态度的人——不上门、不讨价、不应酬。我坚持认为，做人、做事要有自己的原则与标准，这不是耍酷，而是为了让自己舒服，同时不给他人添麻烦。

做人如此，创作内容更要如此。

你要基于个人的价值观与认知勇于表达。"勇"来自哪里？来自你的专业、你对自我的了解、你对他人的关心。逞口舌之快、匹夫之勇、哗众取宠等都不算"勇"。

在内容创作上，我们如何才能做到有态度呢？可以从 3 个角度入手：价值观角度、情感角度、干货角度。

下面以《奇葩说》上的一个辩题为例来阐述。

若一周陪伴孩子不到 12 小时的爸爸将被取消爸爸称号，你赞成还是反对？

当期的几位选手站在不同角度表达了自己的态度与观点。

傅首尔提出了均衡陪伴的观点，大意如下。

工作日不行还有周六，周六不行还有周日，周日你还忙，全球你最忙。你这么忙，我就好奇，当初你是怎么争分夺秒把他生出来的呢？你都没时间陪孩子，还有时间陪老婆吗？你那么忙，结婚生子干吗？搞行为艺术吗？

紧接着她又讲到第二点，提倡均衡陪伴，结论便是"爸妈都得陪"。

傅首尔一番慷慨陈词，博得现场一片喝彩。她有态度吗？有。什么态度？均衡陪伴的态度。均衡陪伴就是她的价值观。

我们再来看看颜如晶是怎么表达自己的态度的。

孩子的人生就像一部电视剧，从第一集到最后一集，电视剧错过了，我们还可以倒回去补看，但是孩子的成长一旦错过了，就永远无法弥补了……父母是孩子前半生唯一的观众，孩子是父母后半生唯一的观众。我不会错过你的后半生，也请你不要错过我的前半生，我们有情有义……

以上陈述同样博得了现场的一片喝彩。

颜如晶有态度吗？当然也有。什么态度？有情有义的态度。

这就是我们说的，从情感角度构建自己的态度。人是有感情的高级动物，从情感角度入手往往有百利而无一害，但前提是你的情感是充沛的、真实的，不是为了渲染气氛而表演，否则就变味了。虚情假意的人往往拿捏不好情感的分寸。

干货角度又怎么理解、表达呢？

顾名思义，干货角度更多的是提供解决方案与权威观点，你可以举一些名人教育孩子的方法论，陈述他们是如何理解父亲陪伴的，在那种状态下，他们的孩子会成长为什么样的人。你还可以从科学的角度去分析父亲对孩子的实质影响，等等。

你的态度代表了你专业的认知与价值观的走向，反映了你有没有真正地表达自己。不仅辩论赛如此，爆款内容的创作也遵循这样的原理。

三、做好选题

选题选对了，往往就成功了一半。在创作前，我们有必要花更多时间在选题上。然而，许多人一贯的做法是"我有什么、我会什么、我想讲什么，我就讲什么"。在你没成为有一定影响力的人之前，我建议你不要采取这样任性的做法。

很多人每天都在更新内容创作，甚至持续日更，想着总有一篇（条）会成为爆款，但往往事与愿违。这是因为他们忽视了一个事实：战术上的勤奋难掩战略上的懒惰。

我常常建议我的学员，尤其是初次进行内容创作的学员，与其日更，不如花更多时间去做选题，花更多时间去打磨一条内容，这样才更有可能使内容出圈。我甚至愿意称这样的做法为爆款战略。

爆款战略的根本要素之一就是选题。那么，选题究竟怎么做呢？好的选题需要同时满足 3 个因素：有热点、合人设、高价值。

（1）有热点。热点又可以被分解为短期热点和长期热点。什么是短期热点？"今日热榜""百度指数""微博热搜"都可以给你答案。什么是长期热点？参考马斯洛需求层次，几乎每个层次的核心需求都是长盛不衰的热点话题。

（2）合人设。合人设指的是选题一定要符合你的 IP 定位。我有个学员是立足传统文化的教育博主，有一天她义愤填膺地讲了娱乐圈当时的一个热门话题，结果掉了很多粉。她百思不得其解。其实是因为那条内容除了批评、情绪宣泄一无所长，并没有结合她的身份、专业知识对此进行解构，反倒让人觉得是在刻意蹭热度。

是不是完全不能讲与自己定位不相关的话题呢？并不是。但我们需要将这类话题与自己擅长的知识有机结合。按理说，万物可以互联，内容也是。但前提是，你能从万物中找到适合你自己领域的切入口。

（3）高价值。好的选题，一定带有某个解决方案，要么给人解忧，要么给人解惑。如果只是满足你的个人私欲，宣泄你的个人情绪，那么，这样的选题不如不做。那些被无数人点赞、转发的内容，一定是实实在在地给目标用户提供了高价值的内容。

我有个朋友擅长做 PPT，他有一次分享了一条内容：2 分钟之内把几千字的 Word 文档做成一个 PPT。这条非常实用的内容让他获得了 10 万 + 的点赞，使得上百万人转发。可见，好的东西一定会有人帮你传播。

概括来讲，**一个好的选题一定是有热点、合人设、高价值的。**每次做选题时问问自己：我的内容满足这 3 个要素吗？

四、激活即时情绪

真正的爆款内容一定是带有情绪的，就像一个真实的人，应该有喜怒哀乐。一个人准确传达他的喜怒哀乐时，他的作品也就有了感染力，对方就能接收到他想表达的内涵。我保持着每天刷 50 个短视频、看不少于 10 篇文章的习惯，那些能抓住我的注意力、看完让我感觉很爽（很痛）的内容，每每重温，都会明显感受到自己当下的情绪被作者带动了。

人一般会天然地被 3 种情绪触动，分别是幽默、愤怒、温暖，因此，人们更容易被传递这些情绪的内容点燃。

（1）幽默。幽默的人总能给人带来快乐，幽默的内容也是。周星驰作品中的无厘头幽默，卓别林的黑白幽默，黄渤的高情商幽默……总让人意犹未尽。中国有句老话：伸手不打笑脸人。更何况是逗人笑的人呢。在我看来，幽默既是一种能力，更是一种魅力。当然，在创作中，不要为了搞笑而搞笑，更不要试图用一些低俗的梗来逗用户发笑。要想真正提升你作品的幽默程度，你首先得做一个有幽默感的人。

（2）愤怒。人在什么情况下会愤怒？在被不公平对待、委屈、被误解等情况下，人往往容易愤怒。若你创作的作品中出现这些情境，用户的愤怒之情则很容易被激发，进而产生替你及你的作品打抱不平的冲动。许多爆款内容中都带有这样的情绪。

（3）温暖。毋庸置疑，没人会讨厌、拒绝、排斥温暖的东西。在互联网上，有许多传递温暖的博主，如李子柒、房琪 kiki。我很喜欢看她们的作品，作品中有一种治愈人的力量。

前几年，一部名为《啥是佩奇》的短片在互联网上迅速传播，短片讲述了一名老人为孙子寻找"佩奇"的故事，让无数人"笑着笑着就红了眼"。

你的作品如果具备上述 3 种情绪中的一种，也就具备了成为爆款作品的潜质。不论传递哪一种情绪，归根结底，我都希望你的作品不要干瘪、生硬。所谓人气，不就是看你的作品有没有体现你作为一个人的生气吗？

总之，搞清楚了打造爆款内容的 4 个底层逻辑，也就找到了那些变化背后不变的东西，在进行内容创作时，你就可以有的放矢。这些方法也许不能百分之百帮你做出爆款作品（毕竟，时机与运气也很重要），但至少能帮你规避许多陷阱，不进行无效创作，找到做出好内容的最短路径，让你作品的转化率与转发数大幅提升。

第十一章

短视频：如何提高短视频的转发数和转化率

短视频是做公开表达、打造个人品牌一种非常有效的方式。如何在1分钟内把想讲的内容生动地表达出来？如何快速抓住用户的注意力？如何表达，用户才愿意看完，并且点赞、转发？这背后，都涉及一个硬核技能——有效表达。

如果说标题决定了公众号文章的打开率，那么短视频开头的前3秒便决定了这条视频能否抓住用户的注意力。开头不吸引人，用户就会动动手指，毫不留情地划走。

我辅导的学员中，有许多专业知识工作者，他们身上有一个共同点：

想讲的东西太多，1分钟远远不够。

这导致他们总是从头到尾、一板一眼地讲起，既啰唆又无趣，既高深莫测又全是重点，往往背景还没介绍完，用户早就跑光了。

之所以出现这样的问题，根本上是因为面对 1 分钟的时长，他们不知从何讲起，准确点说，不知一开始讲什么、中间讲什么、最后再讲什么。他们缺乏表达逻辑，对镜头对面的用户，自然也没什么概念。

在这里，我分享 3 种简单有效的表达方法。即使你零基础，也可以快速掌握，达到想要的效果。

一、金字塔表达法

在我看来，这是一种万能的表达方法，其具体形式如下。

先说结论，再说原因。

先说结果，再说过程。

先说全局，再说细节。

也就是说，先把菜上了，再一道道跟人家介绍。当一道色香味俱全的佳肴摆放在面前时，对方还会忙不迭地跑掉吗？不仅不会跑，还会饶有兴趣地听你讲这道菜背后的故事。

在职场中，真正的表达高手往往是运用金字塔表达法的高手。我举个团队小伙伴的例子。

她常用的汇报方式是这样的。

伍老师，今天您有 3 个重要的工作安排，分别是：

上午 10 点，需要跟某合作伙伴开个电话会议；

下午 3 点，有场线下分享会；

晚上 9 点，参加某训练营的直播。

合作伙伴的相关资料，我给您打印好了；下午分享会的场地及物料我们今天上午会全部处理好；晚上的直播大概 2 小时，我会在直播前再做两波预热。

对了，如果您晚饭没有安排，需要我帮您叫个外卖吗？

你听完之后有什么感受？我的感受是重点突出，层层递进，并且有耐心一句句听下去。汇报到最后，她再用关怀的话语进行升华，引出我的想法与反馈。

我也常常用金字塔表达法拍摄短视频，此处以一个我公开发表过的短视频内容为例。

主题：创业者如何打造个人品牌

第一，深爱你的产品。产品即人品，你得让你的客户知道你是如何热爱它的。

第二，努力成为行业细分领域的第一人。人们往往只记得第一个登上珠峰的人。

我常常跟创业者讲，你能做什么，由你的竞争对手决定，他们没想到、没去做，你想到了、去做了，那就是你的，一旦有机会成为第一，你就要迅速行动。

京东的早期投资人徐新，当初京东只向她要 200 万美元，最终徐新出了 1000 万美元，剩余的钱让京东去打广告、打品牌，因为快鱼会吃慢鱼，大鱼会吃小鱼。

第三，选择平台，持续曝光自己。雷军做微博，傅盛做公众号，罗永浩做直播……文字表达能力及演讲能力是每个创业者必须具备的核心技能。

移动互联网时代，你要努力让你的客户成为你的粉丝，这不仅会给你带来更多的客源，而且会大大提升你的品牌影响力。

你看，我的整个表达文案采取"先说结论，再说原因"的结构。这样，一个陌生用户刷到这条内容时，就能先快速了解主题内容。在说原因时，我会举例、讲故事，来进一步诠释、论证我的结论。结尾时再做一个总结升华。

再给你看一个案例，下面这条作品来自视频号博主"小北爱吃肉"。

主题：和相处舒服的人在一起

（先说结果）

其实最舒服的关系，并不是随叫随到、每天都聊。

（再说过程）

而是我发了消息，你看到了，自然会回复，然后两个人零零碎碎、断断续续聊了一整天；没看到、没回复的话，我也不会胡思乱想，你也不会因为没有及时回复而感到抱歉。

（总结升华）

我们彼此信任，彼此牵挂，这样就挺好的。

"小北爱吃肉"采取的是 vlog[①] 拍摄形式，同样用到了金字塔表达法，声情并茂、逻辑清晰地表达了自己的态度。

通过以上几个案例，想必你可以看出，所谓金字塔表达法，其实就是**以结果为导向的论述过程**。因此，你的结论一定要清晰，甚至独特；论述过程建议有案例或故事，这样才不会枯燥；此外，整个论述过程最好形成闭环，结尾既可以是金句，也可以是内容总结，还可以进行互动式提问，等等。总之，收尾最好进行升华。

二、悬疑前置法

顾名思义，在短视频的一开头，你就要提出一个问题，这个问题相当于一个抓手，要瞬间拉拢用户；再通过解答问题，进一步留住用户；最后展开说明、总结升华，促使用户点赞、关注。可以用以下步骤概括：

提出问题→给出答案→展开说明→总结升华

说得再细一点。提出问题是悬疑前置法最为关键的一个步骤，因此，你要提一个什么问题就显得至关重要。这里有 3 个问题方向供你参考，分别是目标用户关心的、热门的、与众不同的。问对了问题，后边才有戏。给出的答案要让目标用户听得懂、学得会、记得住。展开说明时，应坚持说人话、讲故事、有闭环。总结升华最好有金句和总结。

---

① 即视频网络日志。——编者注

下面分享一个我公开发表的视频的大致框架。

主题：你知道胖东来是谁吗？

（提出问题）

你知道胖东来是谁吗？我问了一圈朋友圈的人，没几个人知道。

（给出答案）

但雷军说，胖东来是中国零售界"神"一般的存在。

（展开说明）

开业第一天，它的画面是这样的：万人空巷、交通拥堵，开业不到1小时不得不关门。它为何那么火啊？

第一，极致服务。抓娃娃机，摆好了娃娃让你抓；商品不满意随便退，吃掉一半都可以。

第二，对员工挚爱。90%的股份都分给员工，晚上6点后不可以加班，每年一个月的带薪假。疫情期间，它捐款5000万元。白菜便宜到就是白菜价。

（总结升华）

这个老板是圣人还是傻子？都不是！他只是在践行"利他是最好的商业模式，人心是最大的流量"。建议你不要轻易学，因为他不玩虚的。

是不是完全贴合悬疑前置法的表达结构？

知名管理顾问刘润老师也特别擅长用这种表达方法。我们来看他视频号中的一个作品。

主题：什么是销售？

（提出问题）

什么是销售？

（给出答案）

销售 = 流量 × 转化率 × 客单价 × 复购率

（展开说明）

一家服装店在选定店铺之后，每天进店的那 200 个人就是这家店的流量；而每周培训店员提高业务水平，销售额不断增长，让进店的人有更大的概率去买衣服，这就是提高转化率；"这件裙子特别搭你刚选的上衣，再加个腰带就完美了。"顾客本来打算买一件，最终买了三件，这就是提高客单价。

顾客买完出门，你说："欢迎再次光临。"但她下次未必会再来，这只是对复购的期待。

在线下，就算我们再擅长提高转化率和客单价，流量是确定的，复购却只能期待；现在，你可以在网上开店，还可以加上顾客的微信，通过朋友圈发布新款，带来更多的触达和购买。

（总结升华）

时代只会往前走，带来更高的效率。

三、情景表达法

这种表达方法跟悬疑前置法的结构大同小异，不同之处在于开头部分，这一方法用情景来代替提问。这也是一种常用且非常好用的表达方法。

同样用以下步骤来表述这种方法的结构：

植入情景→展开情景→总结升华

植入情景，即在一开始，描述一个跟你自己或者跟用户息息相关的场景，可以是一个故事、一个案例，或者一个有代表性的事件。

展开情景的形式可以多元化，如采取对话的形式、描绘细节的方式，或者使用某个冲突的桥段，这些都是展开情景不错的方式，最后再总结升华一下。

我们来看一个案例。我分享一个财经作家吴晓波老师的短视频案例。

主题：人生算得细一点，并不妨碍你的诗和远方

（植入情景）

快要过年了，有一位北漂了 6 年的女生跟我说，她打算卖掉北京的小房子，在大理买个大宅子，去追求诗和远方。

（展开情景）

我跟她算了一笔账。你看，大理的房价只有北京的 1/5，你完全可以把北京的房子抵押给银行，套出 40% 的钱买大理的房子，同样可以面朝洱海，春暖花开。关键是北京的房子还在，你每年起码有 3% 的租金收益。这就是经济学与"诗和远方"的距离，中间正好隔着一幢北京的房子。

（总结升华）

我们都不愿把一生都奉献给生活和金钱，但不意味着要远离基本的财经知识。人生其实就是一笔账，算得细一点，并不妨碍你的诗和远方。

写到这里，如果认真阅读，你会发现，这3种方法的底层逻辑大同小异，且它们有一个共同的使命：在有效的时间内，抢夺用户注意力，并使他们愿意听下去。

不论哪种表达方法，最重要的都是说人话、讲故事，成体系、做总结。

什么叫说人话？多用动词、名词，少用形容词，用目标用户听得懂的语言、熟悉的事物。讲故事或者讲案例，目的是制造代入感，进一步帮助读者理解你想表达的观点。与此同时要成体系、做总结。一个好的总结，就像临门一脚，往往能激发用户转发与关注的热情。

你看，拍好1分钟的短视频其实并不难，你觉得呢？

第十二章
—

写作：打造个人品牌的硬核技能

打造个人品牌除了会讲，还需具备一项硬核技能，那就是会写作。在移动互联网时代，会写的人无异于具备 IP 影响力的护城河。相信不用我举什么例子，你身边应该就有不少人通过写作改变了工作和生活的轨迹。

有意思的是，我发现大多数人很害怕写作，就跟学生时代多数学生不喜欢写作文一样。我的学员中有很多是硕士及博士学历，有很多人是专业知识工作者，俗称"专家"，但面对写作，他们同样不知如何下手，甚至会排斥。这其实是因为他们陷入了两个误区。

第一，不清楚写作与自己的关系。

第二，想当然地认为写作的门槛太高。

我们先来看第一个误区：**不清楚写作与自己的关系。**

说得直白一点，就是没看到写作可以产生什么价值。在我看来，写作之于个体，尤其是致力于打造个人品牌的个体，有两个非常显著的好处。

第一个好处，写作是一种深度成长的方式。当你愿意静下心开始写作时，你就可以与自己对话。借助写作这种表达方式，你会很好地认识自己，明白自己在想什么、思考深度如何、有着怎样的情绪。这时，你几乎可以窥见自己身、心、灵各个方面的状态。换句话说，写作自带疗愈效果。在这一点上，我深有体会。

熟悉我的人都知道，我近 3 年来养成了一个习惯，就是写日记。我还为我的日记取了个"高大上"的名字，叫"伍越歌的思想笔记"。至今我已写了近 20 万字的日记。创业、商业、情感、生活……什么话题都写。日记既不限篇幅，也不限时间。我很享受每次写作的过程，这是跟另一个自己的对话，会帮我思考清楚很多问题，甚至可以说，我在商业上绝大多数决策，都来自写作。每次写完，关上电脑、走出书房时，我都会特别放松，感觉自己收获满满。其实，写作本身就是对写作者最好的馈赠，难道不是吗？

尝到许多写作的甜头后，我便开始鼓励我的学员、朋友也重视写作，那些由此开始写作的人，其成长速度、幸福指数跟那些讨厌写作、不写作的人有明显不同。这个时代节奏飞快，焦虑几乎成了绝大多数人的日常感受，但如果你愿意写作，愿意借助写作给自己一个独立的思想空间，相信我，你也会跟我一样，收获许多美好的体验。

林清玄就表达过自己对于写作的看法。

一个人活在世上，可能庸庸碌碌地过一辈子，然后什么都没留下就离开了尘世，因此我常鼓励别人写笔记，把生活、感受、思想记录下来，这样，一则可以时时检视自己生命的痕迹；二则透过静心写笔记的动作可以"吾日三省吾身"；三则逐渐使自己的思想清明有体系。

一天写几页笔记不嫌多，一天写一句感言不嫌少，深刻的生命、思维就是这样逐渐成熟的。如果我们不能在急速流过的每一天，为生活留下一些什么，生活就会如海上的浮沤，一粒粒破灭，终至消失。

写作除了能加速一个人的成长，**还能提升一个人的品牌影响力，是一个非常厉害的社交武器**。这便是写作的第二个好处。

在互联网平台的流量推动下，你的才能、思想可经由写作在同一个时刻影响成千上万人，也就是说，写作是一个拥有超级复利能力的影响力武器。被更多人看见了，个人品牌的种子也就开始生根发芽了。

我有几位从事写作的朋友，如师北宸、粥左罗，其个人品牌影响力就得益于写作这个社交武器。熟悉二人的读者应该知道，师北宸大学学的是计算机专业，粥左罗毕业于北京体育大学。通过写作，师北宸成为凤凰网科技频道主编、长江商学院的品牌顾问、《纽约时报》的专栏作家，付费学员达十万人，一度被张小龙关注；粥左罗摆过地摊，做过服装店店员，还做过保安，现如今，通过公众号写作，他拥有了 100 万订阅用户。我常跟粥左罗开玩笑："你的写作是不是体育老师教的？"

企业家群体中，日本的稻盛和夫可以算是写作领域的高手，他在国内出版的《心》《斗魂》《心法》《活法》《干法》等书，洛阳纸贵，其"敬天爱人"的思想理念影响了各行各业的人。假如稻盛和夫先生不愿写作，假如没有这些图书问世，他的思想便不能像今日这样传播，而读者自然也就没有机缘被"经营之圣"稻盛和夫的作品所滋养。

如今，越来越多的企业家、创业者，以及各行各业的优秀人士在写书、出书。这是一件好事，说明有越来越多的人看到了、尝到了写作带来的个人品牌红利。欣喜的是，我几乎每年都会收到许多朋友、学员出的书。我这本书，写作目的也非常简单，就是希望通过现在的创作投入，在未来的某个时刻影响更多的人。

说了这么多，想必你应该可以感受到写作这个社交武器，能穿越时空，让思想与才能出圈，吸引更多人主动来找我们。

接下来，我谈谈第二个误区：**想当然地认为写作的门槛太高。**

你看，我都直接在误区中用了"想当然"这个词。我想说的是，在我看来，写作是没有门槛的。更何况，我们还是接受过高等教育的成年人。

很大一部分人之所以觉得写作门槛高，是因为他们本能地把写作误认为文学创作，需要娴熟的写作技巧与斐然的文采，故而自认为不会写、不敢写，怕丢人献丑。我承认，要写出村上春树那样的小说、三毛那样的散文、海子那样的诗歌、鲁迅那样的杂文等，的确需要一定的天分与深厚的文字创作功底。但我希望你明白，在个人品牌建设的道路上，你不是非要等到写作技巧与文采修炼纯熟后才可以动笔。如果非要说创作技巧或评估标准，你只需要做好以下 3 点：

（1）有逻辑；

（2）有观点；

（3）有真情。

一言以蔽之，**你要能真情实感地把一个东西讲得有理有据。说白了，**

你要能真诚地把话讲明白。

如果你说得明白，我建议你即刻拿起笔或打开电脑，开始写作。

写什么呢？

写你自己。

对。你无须写那些远方的、陌生的、形而上的、看不见的东西，只须写发生在你身边的人与事，比如以下内容。

为你看过的书写一段书评或读书感悟。

为你看过的电影写一段影评，或者只是抒发一下你真实的感想。

为你的旅行写一段旅行感悟或者攻略。

为你参加过的学习课程写一段评价或者学习感悟。

为你的工作写一段总结。

为你的股东写一封信。

为你的员工与合作伙伴写一封感谢信。

为你喜欢的人写一段情话。

为你的成长做个总结，给你的未来写一段期许……

你看，围绕自己，你可以写的东西实在是太多了。这些东西你很熟悉，且只有你本人最清楚。它不需要多好的文采，不需要多华丽的辞藻，不需要各种写作套路。你只管把话说明白，呈现感情的真实状态。毕竟谁也没法取代你的情绪、你的观察、你的思考。事实上，我们每个人都是自己的代言人。

当你愿意坦诚地把你自己写明白时，你的个人品牌之路就有了新收获。

第十三章
—

讲课：如何成为一名可持续圈粉的老师

　　当你的个人品牌打造有起色时，不用惊讶，你一定会拥有一个新的身份：老师。这会是很多人，包括你的粉丝（读者、用户）、你的合作伙伴对你的尊称。

　　他们之所以叫你老师，无外乎是因为你在某个特定领域小有建树或影响力，但这并不意味着你是一个真正意义上的、合格的、值得人尊重的好老师。

　　很多人学习时特别急功近利，希望老师直接给出捷径，直接告诉他答案，帮他快速赚到钱，让他一夜成名……

　　犹记得我某一次开个人品牌线下私房课时，计划招生20人，但报名人数达到了120。最终，我仅仅录取了17人。在那些没有被我选择的人当中，近半数有非常典型的投机心理：渴望一夜爆红。我举这个例子的目的并不是向你证明伍越歌有多么高尚、不为五斗米折腰，事实是伍越歌"实力欠缺"，我没有"灵丹妙药"，无法满足他们的投机心理。看到那些渴望从我这里直接带走，甚至抢走"仙丹"的学员时，我是恐慌的。直到我退掉 100 多位学员缴纳的百万学费时，我才长舒一口气。现如今，回过头看，我真庆幸当初做了这么一个在某些人看来特别傻的决定，不然，你今天说不定就看不到这本书、见不到我了。更幸运的是，恰恰因为这件事，我后面的 IP 商业课迎来了近 2 万名学员，其中超过 90% 的学员来自口碑介绍。

怎么识别那些不太合格的老师呢？很简单，譬如，他们传授的"秘籍"课程，名字往往是这样的：

《如何在 21 天内赚到 100 万》《3 天涨 10 万粉，你也可以》《0 基础如何拍出千万播放量的短视频》《9.9 元理财课，小白变达人》……

他们特别擅长捕获急功近利的心理，他们往往强调**门槛低、时间短、见效快**，以此来蛊惑用户：跟我学就对了，我可以快速帮你实现目标、愿望。为了使可信度更高，他们对外号称粉丝有多少万（多数是买来的假粉、僵尸粉）、是某领域的第一人（自己封的）。

普通人很难从表面判断其真实性。开始学习后，学员们会发现课程服务也很到位，老师神采飞扬、讲课很卖力，同学们也很兴奋。然而，过了 3 天、21 天甚至 1 年、5 年，学员们发现自己并没有涨粉 10 万、赚到 100 万，此时才幡然醒悟：自己上当了。

所以，想要远离这样的老师，自己就不要有投机心理。想要识别一些所谓的"大 V""老师"的陷阱，也很简单，不要迷信他们的头衔、数据，要看他们的成果。一个真正受粉丝欢迎、口碑好的老师，其最硬核的标准之一就是**有成果**。

什么叫有成果？最直观的现实情况是**他的学员的成绩**。进一步讲就是，他的学员都是一些什么样的人，学员的能量、学员的影响力，以及学员产出的成果如何。我们常用"桃李满天下"来祝福一个老师，指的就是有成果。

我从来不说自己做不到的事，不教自己没做到事，我非常清楚自己有几斤几两，因此常被身边的朋友开玩笑：伍越歌拒收的钱比他赚的钱还多。其实并不是我有意淘汰某些学员，而是我的能力、我的实力还跟不上许多人的实际欲望。好在我每年都在进步，每前进一步，我就多看到一点风景；每连接一个人，我就多收获一个结果。我喜欢这样实打实的节奏，尽管比较慢。

也许有人会说："我是第一次做老师，自然也就没有所谓的成果，难道这就能直接将我评判为一个不靠谱、不合格的老师吗？"当然不是。重要的其实不是第几次，而是你有没有做好眼前这次，你只有做好了第一次，才有可能有第二次、第三次、第 N 次，不是吗？只要你做好了第一次，就会有成果。也许那个成果很小，但当你的小成果越来越多时，总有一些会变成大果子，而你自然也会被更多人所看见、认可、信赖。

我记得我刚出道、第一次做商业培训，是在 9 年前。我给一家企业的校招生做内训，现场来了近 100 人，CEO 也率领一众高层旁听。为了不让自己紧张，不胜酒力的我硬生生给自己灌了些酒才敢上台。演讲时我满脸通红，激情四射。幸亏我自己对知识内容十分熟悉——毕竟我足足准备了一个月，并通过种种方法采访了其他企业的 40 多名毕业生，持续半天的分享及近 1 小时的现场答疑，终于让我的第一次培训在热烈的掌声中结束了。

一年后的某天，这家企业又找到我，希望我继续给新一届的校招生做培训。第二次上台，我明显自信、从容了许多，课也讲得更有感染力，案例也更加接地气。"关键是，伍老师你说话时终于没酒气了。"那位 CEO 笑着说。我也不禁跟着大笑。后来才知道，这位 CEO 嘱咐人力资源总监在市场上找了四五位老师作对比，其他几位不仅比我有名，并且手握许多辅导 500 强企业的"成功案例"，看上去更"合适"。为什么最终选我呢？"因为第一届毕业生集体强烈推荐你啊。"我听了这句话，不免感动。

而今，我的学员早已从当初的应届毕业生成为各行各业的风云人物。其实，学员与老师最好的关系其实是互相成就。学员是老师的代言人，老师是学员的引路人。所以，我们可以得出一个结论：**有成果，才有口碑；有口碑，缘于得人心**。这会逐渐形成一个增强回路。这个增强回路的第一推动力显然是"人"这个因素。

也就是说，真正圈粉、令人尊敬的老师，一定还是个**关注人**的高手。他懂得因材施教、关注学员的个性、激发学员的内在动能，而不是"把茶壶里那点儿东西倒出来"，然后拍屁股走人。

在这里，我要提起我初中的语文老师——肖光春老师。在我心中，他就是一位极其关注人的老师，他对我影响深远。可以这么说，我之所以今天还能写点东西、能关注学员的个性发展，在很大程度上是因为他对我的影响。读初一时，我开始在报刊上发表文章，他便将我的文章扫描上传到学校官网，并向学校申请额外奖励；但凡是我写的还不错的文章，他都会鼓励我在班级里公开朗读；当我写的文章不太好时，他会引导我增强对事物的理解，照顾我的情绪，调动我的状态，而不会投机取巧地教我一大堆写作公式或套路。他发自内心地爱他的学生，而不是单纯为了完成他的教学任务，更不会揠苗助长。很幸运，在他的浇灌下，当时稚嫩的我犹如一颗种子，渐渐生根发芽。

作为一个老师，或者被人称呼一声老师，我觉得除了要交付实打实的干货、帮学员取得成果、关注人，还一定要**有情怀**。

然而，我听到最多的对此的评价却是："不要跟我谈什么情怀，我要的是结果，我要的是成交，我要的是收益……"

真是搞笑，好像情怀是财运的死对头似的。只能说，这类人根本就不懂情怀，也没有情怀。

什么是情怀？

情怀看似虚无缥缈，但若细心剖析，清晰可见的则是初心、责任、担当、悲悯，体现在行为里则是"有所为，有所不为"。

情怀，对于一个真正的老师来讲，也许不能带来太多的利益，但能让人走得更远。可以说，它具有反脆弱性，能帮助我们在不确定性中找到价值与意义，告诉我们既然为人师，就要对得起这一声称呼，为人负责、关注人而不仅仅是关注事。

如此，你才能吸引更多学员，你的个人品牌影响力也才会越来越大；当你的个人品牌影响力越来越大时，你也自然会吸引更多学员。这个正向循环的关键要素就 3 点：有成果、关注人、有情怀。

第十四章

———

作品：一个人真正被记住的是你的作品

在我的个人品牌课堂中，有一位投资人学员提过一个非常典型的问题，我觉得这个问题非常适合写在这里与大家交流。

他当时问我："在打造个人品牌的路上，一个人真正被人记住的是什么？"

我毫不犹豫地回答："是你的作品。"

在上文中我提到，如果一提到某个标签，用户第一个就能想到你，那么你的差异化定位就算成功了。这里的标签，从表面来看，是各种头衔、背景、经历，但从深层次来看，其实就是你的作品。

比如，提到金庸先生，我们就会脱口而出"飞雪连天射白鹿，笑书神侠倚碧鸳"；提到沈从文，我们就会想到他的《边城》；提到饺子导演，我们就会想起他的《哪吒之魔童降世》；提到梵高，我们就会想到他的《向日葵》；提到投资人徐新，我们就会想到她投资的京东……不论作家、艺术家，还是艺人、投资人，任何一个真正拥有个人品牌、被人记住的人，往往都少不了自己的作品。

我们应该花更多的时间、精力，下更多功夫去打磨我们的作品，而不是包装我们的头衔、背景、经历。在我看来，每个打造个人品牌的人都至少要有一个真正意义上属于自己的代表作。

什么是代表作？它可以是自己写的一篇文章、一本书、一门课、一个能代表你能力及品位的产品。它是个人品牌最好的载体。

2020 年，我几乎"沉寂"了一年。我宅在家里，几乎没怎么与外界接触，行动半径不超过 60 公里，也没更新几条朋友圈。虽然有些商业合作主动找上门来，但我一概拒绝，这导致许多人以为我消失了。其实那一年我干了一件在我看来特别有价值的事，就是打磨 IP 课程产品。每迭代一个版本，我的成就感就增长 20%。当课程越来越接近我想要的样子时，我知道，它一定不会辜负我的付出，因为我不会让它辜负我的学员。事实也的确如此。

当国内生产开始恢复正常时，我带着全新的 IP 课程开始全新发展。2021 年上半年，我迎来了 5000 多名线上线下付费学员。最让我感慨的一点是，许多老学员不仅再一次参加复训，还无条件帮忙推荐新学员。他们之所以大力支持我，并不是因为我的名头、名气、资源，而是因为他们听过我的课。他们对我的内容、课程、作品有信心，觉得"只要是伍老师的作品，我就可以闭着眼睛买，闭着眼睛推荐"。所谓文如其人，这里的"文"，可以指代我们的作品。当你的作品不掺水分、质量很高时，你的人品自然而然也就让人信得过。

所以，我们一定要抱着长远发展的眼光，耐得住寂寞，慢下来好好积累、打磨属于自己的代表作。

在面试候选人时，除了简历，我还会向每一位候选人要一份他们自己的作品。遗憾的是，即使是履历华丽的候选人，也有很多从来没有创作、积累过属于自己的作品。比如，某个课程运营岗的候选人，看似做过销量过千万的课程，但其实功劳并不是他一个人的，更多依靠的是平台自身的流量及团队的协作，离开了平台与团队，他可能就无法达到这一高度。这就不能算作他的代表作。

我还亲眼见过，被淘汰了的某个候选人，两个月后，摇身一变，成了内容专家、××第一人，被包装得特"高大上"。但其实明眼人一眼就能看出：这些人除了一堆华丽的名头，并没有自己成熟的、经得起时间检验的作品。

既然作品对于个人品牌如此重要，那怎么打造我们自己的代表作呢？

想要打造代表作，我们首先要有作品思维。它面向的是你自己的信仰。说白了就是你要**耐得住寂寞、守得住初心、做得出结果**。前两点关乎你做事的态度，后一点则关乎你对成果的不懈追求。

动画电影《哪吒之魔童降世》票房破 50 亿元，截止到 2021 年，位列中国电影史上动画电影票房第一，作品背后的创作者饺子导演也因此一举成名。需要指出的是，我们最终看到的作品是饺子导演前前后后打磨 66 个版本的结果。剧本创作用时 2 年，制作用时近 3 年。也就是说，他和他的团队用近 5 年的时间才"放过"自己，交出作品，给自己一个真正满意的答复，也给了观众一次深度认识自己的机会。

举这个例子是想告诉你，任何一个真正创造高价值、经得起时间检验的作品都需要耗费极大心血与大量时间，甚至有时你付出了心血、时间，也不是必然会有好的成果。但难能可贵的是，即便如此，我们还是愿意慢下来，因为慢工出细活。一切付出终究是值得的，尤其是在你默默无闻的时候。

那么，如果已经有了自己的代表作，是不是就可以高枕无忧了呢？

俗话说："一招鲜，吃遍天。"这句话不假，但也有人因此走入了误区。

很多人仗着自己"一招鲜"，不断重复地四处通吃，随着对手的涌现，用户对作品产生审美疲劳，很多人的"一招鲜"就活生生地成了"一招臭，吃不开"了。

十年前，我在教育培训界认识了一个前辈，他为期 2 天的课程，每人收费 5000 元，一度被誉为中国培训师的培训师；今天，他还在讲这门课，这似乎很励志。一开始，我也这么认为，然而，当我通过一次偶然的机会看到他的课件跟十年前几乎一模一样时，说实话，我的内心对他是有些怀疑的。十年过去了，他在专业上竟然没有任何成长。事实上，市场也给了他直接反馈。他的线下课收费从原来的每人 5000 元降为每人 999 元，还额外给学员包食宿，即便如此，每期也招不满 10 个学员。我不免为他感到可惜。

由此可见，想要让人气居高不下、保持个人品牌的竞争力，一方面需要不断迭代自己的作品，另一方面也需要不断积累自己的代表作。做了门好课，还要写一本好书；有了一本好书，还要辅导出一个有影响力的学员；有了第一个标杆案例，还要有第二个、第三个、第 N 个标杆案例……只有当你的代表作越来越多、越来越多元时，你的个人品牌才不会被人遗忘。

第十五章

——

输出：如何做到持续输出

如上文所述，打造个人品牌的人一定要有代表作，而要想拥有代表作，除了要有技法，还要坚持一条有效的、傻瓜式的途径，就是持续输出。

因此，每当有人来找我做个人品牌训练时，我少不了跟对方开个玩笑："恭喜你，走上了一条'不归路'。"

之所以这么说，还有一个根本性的原因：个人品牌从来不会一夜爆红。即使出现这种情况，也跟中彩票一样，决定因素是运气，而不是你的实力。

一个人如果不持续输出，很快就会被人遗忘。同赛道的对手、新人会毫不留情地把用户的注意力抢走。想想演艺圈的流量明星，常常是一代新人换旧人。一个人几年没作品，甚至只是一段时间内没有曝光率，其影响力就会直线下降。正所谓，花无百日红，想持续"红"，就要持续输出优质内容。

持续输出有两个核心关键词：一个是"持续"，另一个是"输出"。二者相辅相成、相得益彰。

我的学员中，许多人在做视频号、公众号等自媒体，一开始大多数人兴致高昂，每天定时、定点地输出内容。然而一个月后，日更变成了周更；三个月后，周更变成了季更；一年后，还在持续输出的人所剩无几。

为什么许多人会出现无话可讲的情况呢？最根本的原因是，**没有打造出一套成熟的内容生产机制**。这就好比如果一个人只知道花钱，即使家财万贯，也会坐吃山空。

在我看来，构建内容生产机制最为重要的一点是构建一个**内容库**，持续不断地给这个库添砖加瓦。

具体怎么构建内容库呢？

一个字：借。

比如，可以向人借——向竞争对手、牛人、专家老师等借。你去看他们都在输出什么、输出的哪些话题最火，再结合自己的观点与思考去表达、诠释这个话题。这并不是要你去抄袭、模仿他人，你要做的仅仅是寻找灵感。

除了人，我们还可以向书、课借灵感。所有大量输出背后都是大量输入。这一点毋庸置疑。

我个人有个习惯，看到好文章、好观点、好句子就会掏出手机，打开记事本软件，随时随地把它们记录下来，并给它们建好标签，放入内容库，以备随时调用。要想做到这一点，你需要培养敏感的内容嗅觉，迅速判断某个句子、观点对你是否有用，是不是自己未来的内容体系中需要的。

在心理学中有一个有趣的现象，叫视网膜效应，也叫孕妇效应。它指的是，当你怀孕挺着一个大肚子时，你会发现街上、地铁里、商场里到处都有孕妇，而你此前并没有这种感觉。也就是说，当我们自己拥有一件东西或具备某一特征时，就会比平常人更注意别人具备的和我们一样的特征。

同理，当我们内心有强烈的想要钩住好内容的欲望时，好的内容素材会"自动"出现在我们面前，"乖乖上钩"。**很多人之所以江郎才尽，本质上是因为他们停止了主动思考与学习。**

这些好的内容素材会在你的内容库中产生大量"内容利息"，源源不断地供你使用，解决内容输出的问题。

解决了"输出"的问题，我们再来解决"持续"的问题。

要想做到持续，就要拥有成熟的内容生产机制，而成熟的内容生产机制既要包括充盈的内容库，还要具备一个非常重要的内在因素——成就感。

很多人做事之所以坚持不下去，很大一部分原因是没有获得正向反馈。以嗑瓜子为例，为什么很多人可以持续不断地嗑，甚至停不下来？这是因为每嗑一颗瓜子，我们就会及时尝到一粒瓜子仁。很多人短视频、文章等作品日更了大半年，阅读量、点赞数还是个位数。在这种情况下，即使有源源不断的内容，他内心的热情与动力也会消减，进而停止更新，其原因是没有获得及时的正向反馈，没有成就感。

可见，**一名真正优秀的内容创作者一定要学会自己创造成就感，而不是等着别人送来鲜花与掌声。**

我的团队中有个"95后"的妹子，她每天都把自己的工作安排得满满的。除了做好我安排的工作、主管安排的工作，她还会主动给自己安排各种工作。但她没有任何消极情绪，每天都是一副笑嘻嘻的模样，两个小酒窝像花儿一样荡漾。

团队里其他小伙伴对她的评价是积极努力、心态乐观。有一次我问她："你每天都是笑靥如花的样子，你是怎么做到的？"妹子露出两个小酒窝说："我很享受工作带给我的成就感，每干成一件事，我就感觉自己又赚到了。"这真是一个值得奖励"鸡腿"的妹子！

那么，怎么给自己创造成就感呢？

很重要的一点是，先从容易、简单的事情开始做。如果直接给一个小学生出一道微积分题，那他很有可能被吓跑。在内容输出上也是如此，不要急功近利、渴望直接制造一个超级爆品，要**先从自己最想表达也最擅长表达、大多数用户也需要的内容开始**。当你对自己的内容有底气时，用户给你的反馈自然不会差。

如前文所述，在内容输出上，我们要的不是频繁的更新，而是花更多时间与心力打磨一个自己拿得出手的作品。想要获得更多的正向反馈，想要获得成就感，首先要过自己这一关。

自己这一关并非高标准、高要求。在我看来，激发自信心才是最重要的。这就好比一个男生追求一个女生，并不是要把自己包装成高富帅、成为一个完美无瑕的男人，而是在评估自己的真实情况后，发掘自己身上的某个闪光点，如责任感、才华、有趣等。这样，即使被拒绝，你也不会觉得自己一无是处，还会安慰自己"只是还没遇上对的人"，从而继续寻找下一个对象。

这样的人很明白，成就感从来都不是来自外部的，而是自我创造的。

这样的人还有一个非常典型的特征：能自嘲。他们不仅开得起玩笑，而且常常开自己的玩笑，因为他们骨子里不自卑，也就不需要向外求自信。

所以说，想让一件事能够持续，关键在于你要用积极的眼光看待它。

我有一对夫妻学员，先生跟太太都有金融背景，二人想着打造夫妻档IP。一开始，我也觉得他们以组合的方式宣传自己，势能会更大。但没想到的是，配合了一段时间后没怎么看到成果的先生，坚持不下去了。在短视频里，观众甚至能看到那位先生的敷衍与倦容，他跟活力四射的太太完全是两种不同的状态。不久之后，先生干脆退出了，只剩太太一个人继续热情满满地输出。后来，她一个人把粉丝数从300提升到2万。

在这个案例中，先生抱着一夜成名的索取心态，而太太则抱着学习的打怪心态，这两种不同的心态最终决定了二人最后的成绩。

最后，我用一个公式来表达本章的核心思想：

持续输出 ＝ 持续 ＋ 输出 ＝ 成就感 ＋ 内容库

如此，即使道阻且长，我相信你也不会走得太累。

PART

3

第 3 部分

连接度
从被认可到被信赖

想要获得用户的信赖，一定要完成这样一个跨越：让用户从认可我们的专业能力转变为认可我们这个人。

这个时代不缺有才的人，但缺有心人。因此，对于 IP 的竞争来说，交付是基本，交心才是撒手锏。所以，我们不能把用户当流量、数据，而应把他们当朋友，进行深度连接。这部分内容其实都在讲一件事：如何更好地与用户进行连接。

学会用户思维，可以打破自己与粉丝间的沟通障碍；吸引铁杆粉丝，让连接比拥有重要 1 万倍；搭建高质量社群，筛选同频的粉丝；打造标杆案例，让粉丝看到你的实力与真心；提升弱关系，让你开拓更大的人际关系网；讲好个人品牌故事，主动吸引同频人；做好风险管控，与铁杆粉丝共进退。

第十六章

——

用户思维：跨越与粉丝间的沟通障碍

有一位大学教授做了一门商业课，课程的质量不错，其背景、履历、授课水平也足以支撑他的课程，但最终报名的学员只有 8 人，远不及他计划的 20 人的招生指标。

问题出在哪里呢？

看完他的招生简章我才明白问题所在。简章上的关键词几乎都在证明他有多优秀、多厉害，课程体系多么完整，获得了过往学员多么高的评价，等等。我在整个简章上没看到任何跟学员有关的话语，也就是说，学员根本不清楚这门课能解决自己的什么问题、自己为什么要跟这位老师学、这门课跟自己有什么关系等。

我相信很多人都跟这位教授一样，中了"知识的诅咒"，即我们一旦知道某种知识，就无法想象不知道这种知识时会发生什么。换句话说，我们不知道我们的用户不知道，陷入了自我内部视角，缺失了外部视角，这其实反映了我们创造的内容缺乏用户思维。

"微信之父"张小龙表达过一个观点：每个产品经理都要有"小白思维"，要能把自己切换到用户的角度去思考问题。不论产品经理，还是知识型 IP，都可以利用用户思维来建立用户好感和信赖感。

举个生活中的例子。每次跟奶奶通电话，我都会瞬间切换使用"小白思维"。这是因为她没接受过正规教育，听不懂普通话，理解不了许多"高深莫测"的成语与这个世界的新事物。

譬如有一次，她问起我的工作。我如果告诉她，我是一名个人品牌教练，奶奶肯定听不懂。因此，我切换成小白思维，对她说："我的工作就是帮助一个人，把他优秀的地方展示出来，让他变得更出名，被更多人喜欢。"奶奶听完，求证地反问道："是不是就跟媒婆一样，把一个男生打扮一下、包装一下，让他被更多姑娘喜欢？"我听完连连点头。奶奶也对自己很满意地哈哈大笑起来。看来，论用户思维能力，奶奶还略胜一筹，这也让我们之间的沟通至今仍保持着极大的乐趣。

跟小朋友沟通也是一样的。在某次旅途中，一位 3 岁的小朋友问："妈妈，我们还有多久到海边啊？"妈妈说："很快了，还有 10 分钟就到了。"请问小朋友听得懂吗？他对 10 分钟有清晰的概念吗？小朋友显然还是一脸蒙。但如果你用他熟悉的事物来对比，比如说："宝贝，你再听三四遍《听我说，谢谢你》这首歌，我们就到啦。"小朋友一听，说不定就会连忙放起歌来。

如果连老人、小孩都领会你的内容、产品，那么你的用户一定没问题。

可见，用户思维的第一个典型特征**就是让用户听得懂**。

然而，有些人总喜欢高深莫测、装腔作势，张嘴就是各种"高大上"

的理论与模型。或许在他们看来，如果所有人都能理解他们的内容，那岂不说明这些内容太肤浅了。

真正的高手更关注具体的人，而不是抽象的概念。

你是更关注具体的人，还是更关注抽象的概念呢？我们来做个小测试。你更倾向于选择以下两种描述中的哪一个？

骁龙处理器，4900mA·h 疾速闪充 vs 充电 5 分钟，使用 1 小时

10G 内存 vs 把 1 万首歌装进口袋

我想，大多数人都会选择右边的描述，因为一眼就能明白其内涵及其与读者的关系。

只有跳出内部视角，你才能真正知道用户需要什么，你的情绪、表达方式、语言才会因此调整。这也是提升用户思维最简单的方法。

我在辅导学员的过程中发现了一个很普遍的现象：那些具有很强的用户思维的人情商往往也非常高，他们说出的话正是对方想听且听得懂的。反之，那些情商不高的人，用户思维往往也不强，沟通中难免出现磕磕绊绊。这种观察也许没有理论依据，但我想表达的是，用户思维其实并不是一种特别高级的思维或能力，而是每个人都可以掌握的思维能力，其最本质的影响因素在于一个人的共情能力和底层能力。总而言之，我们应少自以为是，**多换位思考**。

面对那些"自以为是"的学员，为了帮助他们走出知识的诅咒，我常用的做法是，在他们的正对面摆一个凳子，凳子上再摆一个漂亮娃娃。他们伏案写文章或者面对镜头拍短视频时，一抬头，就会看到对面坐着一个

"观众"在时刻提醒自己要换位思考。这种看似很小的动作，效果竟然出乎意料的好。其中一个值得被关注的细节是他们对用户的称呼不再是"大家好"，而是"你好"。可不是吗？用户看你的文章或短视频时，本来就是一个人，而不是一群人。

用户思维的第二个典型特征是**让用户有成就感**。

一位用户在网上买了一款路由器。在产品介绍文案里，路由器的信号能翻山越岭，其外观也令人赏心悦目，用户觉得靠谱，就下了单。但买回家后折腾半天，依旧没连上网络，只好打开说明书，耐着性子，折腾了好久才完成安装。请问他会给好评吗？估计很难。因为这款产品让这个小白用户毫无成就感。

在教学生涯早期，我特别看重自我成就感，在授课过程里，我的关注点一直是今天我的表现、授课内容、学员情绪、学员满意度等，焦点都在我自己身上。学员对我的评价是"伍老师讲课很专业、很认真、很卖力，教学服务也很到位，是位好老师"。但匿名评分时，如果满分是 5 分，学员给我的平均分往往在 4.5 到 4.8 分之间，几乎没有得过满分。这让我百思不得其解。

随着认知能力的提升，我发现问题就出在我自己身上。**学员在意的并不是"这位老师本来有多厉害"，而是"他能让我变得多厉害"**。思考到这一点后，我兴奋异常，内心仿佛有一道火焰冲天而起。我随即调整了自己的授课模式。从之前的全程一个人讲，变成了 60% 的时间由我来讲，剩余时间辅导学员现场练习与实操。最精彩的莫过于学员现场实践的环节。从此，课堂里隔三岔五就能传出学员完成某个知识点的关卡后发出的笑声或掌声。课程结束后，学员们眼中闪着明亮的光，充满骄傲与喜悦。我的评分从此基本维持在 4.9 分到 5 分的状态，我的信任值亦大幅提升。这背后最根本的变化不过是授课模式能激发学员的参与感，帮助学员找到并建立自己的学习成就感。

内容创作也是如此。如果你创作的短视频、文章既能让用户理解，又能引导、激发、支持用户自行获得解决方案，那么他们对你的信任值也会与日俱增。

可见，信任值的来源之一是你懂用户。有时，懂比爱更重要。

第十七章

铁杆粉丝：为什么连接比拥有重要

　　一位写过几本畅销书的育儿专家朋友第一次玩短视频时，忍不住跟我感慨：自己辛苦准备的内容，还不如有些宝妈随意晒个娃、逗个乐的流量大。

　　可以说，这种现象在自媒体平台上再常见不过。一个小姐姐嘟个嘴、卖个萌，一个小哥哥绽放一张阳光帅气的笑脸，就可以博得成千上万个赞，粉丝也会飞涨。

　　这的确会令"辛勤耕耘"的人内心升腾起一股不公平之感，甚至陷入自我怀疑。

　　但这真的值得羡慕与嫉妒吗？

　　如果进一步观察与分析，我们不难发现，这些小哥哥、小姐姐的很多粉丝都是"伸手党"[①]，与作者并无情感、思想层面的连接。这一点从其广

---

① 伸出手指点个赞，然后一走了之。

告代言就可以见得。从本质上说，他们光有好看的皮囊（数据），但没有精神支柱（黏性）。

这就衍生出一些对打造个人品牌的群体而言非常现实的问题：我们究竟该如何看待粉丝数？真的是粉丝越多越有价值吗？

被誉为"互联网预言家"的凯文·凯利提出过一个著名的理论：1000个铁杆粉丝理论。也就是说，任何艺术家、作家、老师、创作者、手艺人等专业工作者，只要拥有1000个铁杆粉丝，就基本可以衣食无忧（当然，想要入选《福布斯》《财富》等杂志富豪榜者除外）。

有许多这样的实践案例。譬如，一些歌手发新专辑前会向粉丝预售，一些作者出书前也会针对读者进行宣传，各类创业项目也会在落地前在互联网上进行众筹。这些都在很好地利用铁杆粉丝原理撬动"铁（杠）杆"，打开市场进行变现。这种做法的成功率往往很高。

所以从本质上来讲，我们并不是要一味地获取更多粉丝、追求粉丝数量，而是要吸引精准用户，经营好用户关系，把普通用户升级为铁杆粉丝。

什么是铁杆粉丝？

如前文所述，所谓铁杆粉丝，即不论你卖什么，但凡是跟你有关的，他们都乐意付费。他们不仅自己买，还会无偿地、自发地发动身边的亲朋好友一起买，如果有人提出反对意见，他们还会尽力去捍卫你。用一句话来概括就是，他们是**优质且有一定购买力的忠实用户**。

优质，即拥有正向价值观且有一定思考力的用户。这就首先把不理智的、盲目追星的粉丝排除在外了。购买力，即对方有一定的消费能力或消费意愿。忠实，即对方无条件支持你，甚至愿意给予你力所能及的所有帮助。铁杆粉丝的本质在于帮助创作者脱离长尾，逐步向头部发展，尽管他们看上去寡不敌众，有时却可以惊人地以一敌百。

那么，铁杆粉丝究竟如何产生呢？除了本书介绍的 4° 铁粉模型，我认为在吸引铁粉的过程中，如果能做好以下 3 点，也大概率可以加速铁粉的成型。

一、收过费

在我看来，没有为你的知识、产品、才华付过费的人，不能被称为铁粉。反之，你想要让一个普通用户成为你的铁杆粉丝，你也必须向他收过费。

曾经的我就在这方面吃过不少"哑巴亏"。几年前的我，一谈钱就脸红，如果对方还跟我打感情牌，我就会免费给予他各种支持。然而结果往往是，他们一个个离我而去。事后，站在对方的角度分析，我发现至少有以下 3 个原因：

1. 你一直不要我的钱，我不好意思经常麻烦你；

2. 你都不敢收费，估计水平也一般；

3. 恰巧被其他人收了费，我不得不转身离开。

这些赤裸裸的现实教训，让我不得不调整策略。

时至今天，熟悉我的人都知道，我的线下课收费从几千元到几万元不等，但竟然有 90% 的学员来自朋友介绍。我问那些介绍的学员为什么这么热心肠，他们告诉我"因为我觉得你的课超值啊"。

你看，在对的人面前，费用的高低根本不是障碍。事实上，很多事都一样，对方付出越多，就越会认真对待；对方越认真对待，结果往往就不会太差。经济学中有一个类似的解释，叫沉没成本。

显然，收费是一个很好的筛选工具。筛出愿意与你深度连接的人，他们更有可能被你的人品及作品所吸引，成长为名副其实的铁杆粉丝。

二、成过事

收了费就意味着大概率是要能成事的。如果一个用户付了费，但除了一堆你自以为是、不痛不痒的说教，其他什么也没得到，那么这样的你不仅得不到铁粉，还会直接掉粉，严重点还会因此臭名远扬。

在职场，一个管理者如何才能被一线员工追随？是好吃好喝犒劳他们，是亲力亲为、手把手指导他们，还是放任不管，允许他们随心所欲？答案都不是，而是带着他们打胜仗。

我的一位朋友原来在华为，后来被猎头挖去了阿里巴巴。刚"空降"过去时，他也遇到过困难，事情的大逆转就得益于他带领团队打了几次漂亮的胜仗（业绩同比倍增），从此，他"男神"的标签就被贴上了。

同理，在打造铁粉的路上，一定是你帮助目标用户拿到了他想要的结果，解决了他的问题，让他变得更好。这样，他的超值感才会油然而生。

也许你会说：道理我都懂，可是从哪儿下手呢？

在这里，我给你一个非常简单好用的操作方法：**解决用户刚需**。也就是解决既重要又紧急的那项需求。

在公司里，老板嘉奖你，是因为你能帮老板解决某几个 KPI 刚需；在商业关系里，对方之所以跟你合作，是因为你能解决合作伙伴的某些刚需……

对于创作者、打造个人品牌的人来说，用户之所以关注你、毫无条件地支持你，绝不是因为你秀色可餐，更不是因为你便宜，而是因为你解决了他们实实在在的刚需问题。

想要解决刚需，我们就不得不量体裁衣、按需定制，只有了解了刚需是什么，我们才能对症下药。推荐 3 种我个人常用且有效的方法：

1. 一对一咨询；

2. 教练式辅导；

3. 主动连接。

这不仅可以帮你避免纸上谈兵，并且一定会大大提升你交付的有效性，提升用户的获得感，帮助用户看到你不仅懂他，还能治愈他。

三、交过心

先介绍我身边朋友的两个故事。

A 君，背景华丽，才华横溢，自媒体圈、知识教育圈的许多知名人物都特别欣赏他。按理来讲，A 君的前途与"钱"途应该不赖。然而，他的日子却过得十分寒碜。为了逆转颓势，他竟拿出家底租了办公室，大动干戈地组建了一支 6 个人的团队。他负责研发内容产品，团队负责运营、推广及维护。然而一年过去了，他的收入刚好够支付团队人员的工资。

与他深度交谈后，我发现其问题很明显：作为主打 IP 的他，每天的工作方式就是从早晨到深夜泡在办公室，大部分时间不是在自己打磨课件、看书学习，就是跟团队一起打磨课件、看书学习，手握诸多渠道资源及数万用户的他，竟几乎从未主动跟用户连接过。

最终，我送了他 3 个字：走出去。效果很快就产生了。成为"空中飞人"的他告诉我，他与一个非常优质的渠道进行了合作，进入了几个更专业的圈子；更重要的是，用户近距离地认识到了活生生的他，对他有了情感连接；在与用户的直接碰撞中，他的内容产品也比早前更接地气、更受欢迎了。

再来说说 B 君。

B 君是情感类博主，全网粉丝过 100 万，但他守着这座金矿却差点"饿死"。

问题出在哪里呢？ B 君跟 A 君几乎一模一样。

我问 B 君："你跟多少学员线下互动过？"

B 君想了想："就几个人吧。"

我继续问："记得住名字的有几个？"

B 君继续想了想："一两个吧，我的兼职助教。"

问题出来了。

我在个人品牌课上一直强调一个观点：连接比拥有重要 1 万倍。

一个人账号上的粉丝数并不代表实际上有这么多人认可你。如果你真切地与粉丝有过生活层面的互动，那么转化率至少可以提升 50%，甚至更高。正所谓，百闻不如一见。

如果看直播，你还可以发现一个现象：有些明星的直播带货销量竟然比不过一些名不见经传的素人主播。素人主播之所以能"打败"明星，有两个根本原因，一是他们对产品相对更熟悉，二是素人主播更懂用户，也更宠用户，他们能想粉丝之所想、急粉丝之所急，跟用户几乎没有距离感。

雷军在与用户连接方面堪称楷模。雷军之所以成为一个自带流量的企业家，很大程度上是因为他一直在践行他的理念：把用户当朋友。他邀请用户参与产品设计，每年为粉丝举办盛大的"米粉节"，最近还发起了一个活动——邀请粉丝来代言自家产品。

我很开心地看到 B 君也开始做起了线下主题沙龙、线下公开课，开始发起粉丝活动，与粉丝一起"搞事情"。事业打开的同时，我发现 B 君的气色似乎都好了许多。

张小龙在一场演讲中讲到这样一个观点。

用户到底是什么？我们回答最本质的问题：用户是人！

你又把用户当成什么呢？

用于装饰门面、掩耳盗铃的数据？

还是用各种套路引诱过来、用来收割的流量？

如果以上都不是，你把用户看成一个活生生的人，那别忘了给他一个拥抱，他极有可能成为你的铁杆粉丝。

第十八章
—

高质量社群：如何筛选同频的粉丝

近些年，"社群经济"这个词跟个人品牌一样火热，可以说，它成了每个打造个人品牌的人的必备战略布局。其核心价值在于，社群算是一种很好的私域流量，它能激活用户与我们的信任关系，让用户随时随地找到我们。

那么，什么样的社群才是高质量的社群呢？

在回答这个问题之前，我们不妨先问问自己：用户为什么要加入我们的社群？你要给用户一个理由。

我曾带着这个问题采访过数百名学员，得到的真实理由是 5 个字：

价值 + 价值观

也就是说，你社群的存在要能解决用户的特定问题。比如，一名创业者加入一个创业社群，是为了解决创业方面的问题；一对父母或准父母加入一个育儿社群，想要解决的肯定是与育儿相关的问题；哪怕只是一个供大家闲聊的社群，如果能持续存在，也一定是因为它解决了社群成员的某些情绪、情感问题。

所以，在创建社群之前，我们就必须明确社群能提供什么价值，这个价值越具体越好。比如，徒步100公里社群、读书100天社群、考研社群、个人品牌变现社群等。

除了提供价值，吸引一个人加入某个社群还少不了另一个重要因素：社群价值观。人与人的深度交往靠的是价值观的契合，一个社群也是。社群让共同认同某种精神、拥有某种喜好、追求某个目标、认同某种生活方式的人走到一起。只有让志同道合的人进来，社群才能持续处于活跃状态。而这恰恰也能帮助我们将自己的社群与市面上其他同类社群从本质上区分开来，从而**具备差异化优势**。

想要构建社群价值观、建立差异化，我认为筛选是很重要的一个步骤，甚至可以说**社群本身并不是用来圈人的，而是用来筛人的**。因为社群不是开在路边的某个商场里的，不是一手交钱一手交货就可以完成交易闭环的，社群的交易在一个用户入群之后才正式开始，所以社群需要的是陪伴、关注、互助，是氛围。

想要构建好社群价值观，吸引同频的人，具体可以从以下 4 个方面进行筛选。

一、价格筛选

很多社群之所以无效——鱼龙混杂，氛围冷清，最根本的原因之一就是一开始没有给自己的社群定价。

定价并非漫天要价、越高越好，而是要根据价值合理定价。但不论定价多少，我都建议你不要免费，哪怕定价 1 元、9.9 元，象征性地收费也可以。这样做的好处是能直接赶走一群投机的人，让进来的用户感觉自己有沉没成本，即使价格微不足道。这也正应了一句老话：免费的没好东西，免费的不被珍惜。

我曾有一些学员在做社群引流时不敢给自己的社群定价，觉得自己的目的是引流，是从流量池子里进一步筛选出高价值、高单价的客户，所以做了个免费社群。结果是什么呢？社群里乌烟瘴气，各类人都有，后来只能草草关群。

二、能力筛选

除了价格筛选，能力筛选也是一种不错的筛选方式。它能让专业地位相当、能力相近的人并肩作战、抱团取暖。要知道，没有哪一个高层次的人会无缘无故地待在一个肤浅的小白社群里。

我有一些金融保险行业的学员做了一个面向客户的财富践行社群，里面既有上市公司的 CEO，也有学生党等。每个人所站的角度不同，需求也不同，提的问题自然各不相同，这让社群的话题始终没法同频、无法集中，社群管理因此错综复杂，运营者只能眼睁睁地看着那些高能量的人一个个走掉。

所以，能力筛选是一项特别重要的筛选标准。比如，在进我的个人品牌社群之前，我会对学员进行面试，面试的标准很明确：是专家型人士，如医生、律师、会计师、投资人等。尽管他们的职业不同、行业不同，但他们有一个共同特点：都是专家型人士。我有一位朋友发起了视频号创作者社群，要求加入的每一个创作者的粉丝数必须大于等于 3 万，这也是同样的逻辑。这就跟下棋一样，势均力敌才能维持长久的趣味。正如有句话所说，优秀才能吸引优秀。

三、意愿筛选

意愿筛选可以有效测试用户对入群这件事本身有多期待、多渴望。

我个人最常用的方式是要求报名者写一份自我简介及一份入群申请，并且不少于 800 字。这不仅能很好地防范一批不劳而获之人，而且通过这份资料，我还可以对入群者有更加深入的了解。

我的个人线下 IP 课、私教课都会进行准学员的意愿筛选，通过意愿筛选的人往往学习动能强烈；动能强烈了，学习效果也就会随之提升。这能从一开始便形成正向循环。

意愿筛选常见的方法还有填写问卷、转发朋友圈等。总之，只有激发了用户的参与感与付出感，用户才会更认真地对待社群活动。

四、信任筛选

信任筛选，说白了就是信任背书。每个参与者都需要找另一个得到认可的人或机构做推荐方可入群。这也是一种常见且好用的筛选用户的方式。

许多商学机构在招生时，要求学员有校委或校友的推荐，才有资格申请面试。其目的在于借助更高能量的人的推荐，最大限度地寻找合适的学员，减少时间与沟通成本，提升举办方品牌的权威性。

如果你的社群也有这样做的必要，可以采用同样的逻辑。

总之，这4种常见的筛选方式不是为了打着筛选的名义来进行饥饿营销，或博取流量与话题，而是把分散在各个领域的人有序地连接起来，建立一种相对稳定的社交秩序。

完成筛选后，接下来最重要的步骤就是进行社群运营。也就是更好地激活用户与群主之间的关系、用户与用户之间的关系，让社群结成一个完整的、团结的部落。

早前在做社群时，很多学员最头疼的一个问题是，好不容易搭建起来的社群，一不小心就变成了"僵尸群"，社群内不是充斥着各类广告就是鸦雀无声，偶尔用红包炸出一些潜水的人，他们顶多冒个泡，旋即又成为一潭死水。

这背后的根本原因就是缺乏运营。那如何才能有效运营、激活社群呢？

至少要建立4种感受：入群仪式感、链接同频感、集体荣誉感、个人成就感。

1. 入群仪式感

如果把社群比作一个部落，那么入群仪式就相当于一次认证会与欢迎会，代表部落对新成员的认可与欢迎，负责人正式向所有人宣告：从此之后，他跟咱们就是一家人了。

我个人是很注重仪式感的。我们会为团队新来的小伙伴准备新人礼，把他介绍给各个部门，还会请他跟全体小伙伴吃饭，甚至还会进行破冰游戏，以示欢迎。在生活中，每逢重要节日，我们还会准备鲜花与礼物。这都是把对方放在心上的表现。

所以，一个新伙伴加入一个社群时，我们也要帮助他破冰，让先来的人对晚来的他，建立清晰而友好的认知。

最常见的做法有，给对方发一个纸质或者电子版的录取通知书，并提前邀请对方写一份自我介绍，入群后第一时间发布在社群中。在自我介绍的档案中，要请对方更多**展示自己的优点与需求点**。比如，过去三年你做过的最成功、最有价值的 3 件事，你可以给什么人提供什么帮助，你最想在本群获得什么资源或知识技能，等等，以此展现自我魅力，促进社群成员资源整合，发扬互助精神。

2. 链接同频感

其实，一个社群，即使是你发起的，你是群主，它也不是只属于你的，而属于社群中的所有人。**社群的基调一定是陪伴，是互助。**

所以，作为群主，你除了交付你能交付的，还应该鼓励、撮合、激发社群成员之间的往来与互动。当成员之间的关系变得特别好时，他们会把这种美好的体验与获得感投射到你身上，进而觉得这个社群价值无穷。

在我个人的知识 IP 社群里，尽管我不太擅长社交，但我一直鼓励成员之间多多走动。于是，常常有成员向我传来喜讯，自从加入这个社群，有人找到了合伙人、优秀人才、合作伙伴，甚至还有人找到了自己的另一半。

你说，这样的社群会一片死寂吗？

3. 集体荣誉感

前文提到，一个高能量、高热度的社群就像一个部落，而一个常青部落一定是有组织、有温度的。

在组织形态上，我们要成立自己的社群委员会，有群主、副群主、助教，也有学习委员、活动委员、财务委员等各个职能的负责人。具体职能可以根据你的社群规模及社群风格来定义。

在日常成长的路上，我们要创造机会，如线下见面会、游学、公益活动、旅行等各类具体项目，激发社群成员共同成长。这能有效提升人与人之间的温度，强化社群归属感。

以我的知识 IP 社群为例。我们一起完成了公益支教、公益募捐，每季度还会举办线下知识饭局，让每个人都有发光发热的机会，也让每个人在这个过程中感受到了组织的温暖。

4. 个人成就感

个人成就感跟社群成员个人息息相关。个人成就感的强弱直接决定了他愿不愿帮你介绍其他人，愿不愿意在下一年继续驻扎在此，与你同行。作为社群发起人与群主，我们最首要的任务是帮助每一个个体在社群中变得更好。

比如，考研社群的成员顺顺利利地考上了理想的学校，创业社群的成员顺利地融资或者达成了某项合作；育儿社群的成员的孩子更健康或学习成绩变得更好，等等。即他入群时的需求在你这里得到了解决。这背后需要你用心交付。

在形式上，我们可以**多制作跟用户个人信息相关的海报**。

比如，展现他在社群中获取的各类荣誉、参与的各类关键事件、完成的作业情况、学习的成绩、付出的行为……总之，我们要善于利用每一个机会，用海报的形式把社群伙伴的贡献、收获等定格住。这样做最直观的好处是用户本人更愿意转发海报到他的朋友圈。每当他公开"晒"一次自己的成绩，他内心的成就感就会增加几分。

最后我想说，再好的社群也终有宣告结束的那一天。我希望，当那一天到来时，你的社群成员已经达成了当初入群时的目的——想考研的都考上了；育儿的，孩子都成材了；要创业的，公司都融资上市了；想做个人品牌的，影响力都提升了。

这当然是理想状态。

总结来看，如何让用户愿意跟着我们呢？

答案当然是：基于用户需求，升级社群。

从运营的角度，我把它总结为"三个一"，分别是兴趣一致、目标一致、群体一致。其底色依然是价值＋价值观的双保险组合。

要知道，高质量的社群永远是一群志同道合的人共同陪伴、共同前行。

第十九章

标杆案例：让粉丝看到你的实力与真心

想要赢得信任、获取铁粉，自己说自己很厉害、很靠谱是没用的。刚开始接触你的人都会看一个关键要素：你是否有成功案例。

圣贤孔子作为儒家文化的创始人与奠基人，一直被世人称颂、学习，这离不开他培育出的颜回、子贡、子骞、伯牛等七十二贤及七十二贤对其思想的传播。

由此可见，当你认为自己还不错，认为自己是个走正道、干实事的人时，就应该花更多时间与精力去搭建一个人才正循环系统——打造标杆案例。

很多人好奇伍越歌是怎么"出道"的，为什么在 3 年多的时间里能吸引近 2 万名付费学员？在我看来，除了产品、内容本身的因素，我还做对了一件事，进行战略布局：打造标杆案例。

当年，我准备在某地金融市场做个人品牌项目时，了解到有一个人特别有名。她带领的团队年销售额达 40 亿港币 ①，团队成员超 4000 位，几乎占据了某保险公司的半壁江山。坦白讲，我被震惊了。值得一提的是，她的影响力，包括人品、口碑也特别好，可以说是当地金融保险界"行走的 IP"。

当时，我找到她后请求式地询问她："我可以给你免费做一个月的顾问吗？"

出乎我意料的是，她几乎没有任何犹豫，就爽快地答应了。真正的高手，都有一种"先相信、后看见"的能力。如今回过头来看，她对我的信任，不过是因为她相信自己——她有兜底的勇气与智慧，不怕我坏事。她安排秘书给了我一间独立办公室，告诉我可以用来访谈、调研任何人。

一个月后，我如期做出了一份近 100 页的 PPT，为了这份品牌打造方案，我还特意去文具店买了特别精致的文件夹，将其装订成册。然后，我花了近一个月的时间一项一项为她解析、推演、推动落地。她看到了实实在在的成果，团队业绩取得了大幅增长。我们之间的信任值也从这一刻开始飙升。

从此，她不论走到哪里，逢人就笑呵呵地介绍我说：这是我的首席品牌顾问伍越歌老师。借着她的影响力，我的名气开始在当地保险界、金融圈扶摇直上，很多人慕名而来。

所以，想要在一个地方、领域站稳脚跟，首先要做的就是打造标杆案例，让那些有行业影响力的人成为你的粉丝、读者，成为你的学员、用户，让他给你做背书。

---

① 约合 32.788 亿元。

也许有人会问："道理我都懂，可是又该如何打动有影响力的人、打造标杆案例呢？"

一个关键词是筛选。

我一直跟学员讲，我们要有自己的原则，要懂得克制，不能什么学员都收、什么粉丝都维护、什么钱都赚。

在个人品牌的起步发展阶段，很多人一贯的做法是先考虑让自己活下来，还常常理直气壮地跟我说："饭都没得吃，如果再去筛选，那我岂不是赚不到什么钱了。"听上去好像是这么一回事。但只要你稍加分辨就会发现，这个观点其实漏洞百出。我想说的是，如果你是一个农民，而你已经饭都没得吃了，你是不是更应该抓紧除草、驱虫、播种、施肥呢？只有在一开始就做好个人品牌的系统建设，才能有的放矢，不仅有饭吃，还能吃香喝辣。

筛选并不是让你什么都不要、什么都拒绝，也不是做饥饿营销、演戏给别人看，而是筛选出对的人。

什么是对的人？有四个标准：**在业内有影响力、能成事、有购买力、品行正**。

我的一个学员是一名财务顾问（FA），专门帮助企业对接风险投资机构进行融资，从中赚取顾问服务费用。创建公司的前两年，他举步维艰，风投机构不愿意关注这个名不见经传的新人推荐的项目，企业方不信任这个名不见经传的陌生人会有能力帮他们完成融资。

后来这位学员找到我，报名参加了我的私教课，我教他从打造标杆案例进行战略布局，进行标的筛选。当时，在接触的 40 多家企业中，他按照在业内有影响力、能成事、有购买力、品行正这四个标准筛选出 1 家独角兽企业。他也对风投机构进行了相应的筛选：从上百家机构中，筛选、锚定了 1 家特别对口的、专注投资赛道，甚至欣赏某种背景的高管团队。确定具体对象后，他只干了一件事：把全部时间、精力、心思、方法都集中于这一个方向。

半年后，他终于成功地帮助该企业融资近 3 亿元，借助此案例一鸣惊人。上百家主流媒体报道了这一事迹。自此，该赛道的诸多企业 CEO 纷纷前来，希望聘请他担任独家财务顾问；而上游上百家投资方、数百名知名投资人也视他为战略合作伙伴，其财务顾问的品牌力不可同日而语。

需要提醒你的是，做筛选并不是简单地做减法，而是在一开始就锚定、找准切入口，然后全力以赴。可能在短时间内你看不到实实在在的回报，但一旦打通，未来就是一片星辰大海。我们要耐得住寂寞，去做难而正确的事。

与其每天让自己涨点粉，做点短期的变现，倒不如集中精力打造一个标杆案例。有了第一个标杆案例，我们就可以着手打造第二个标杆案例，当有了几个成功案例后，你的思想、才能、名字就会辐射更大的范围。

当你有了高势能的标杆案例，从战术上来讲，你就完全可以进行降维打击了，也就是高维打低维。

这一概念最早出自科幻作家刘慈欣的《三体》，指外星人使用二向箔将太阳系由三维空间降至二维空间的一种攻击方式。打造标杆案例就是一种很好的降维打击。

比如许多品牌在一线城市特别火，再去二三线城市推广时，往往很容易成势；但那些在三四线城市比较知名的品牌若想进入一线城市，则往往很难。由此可见，降维打击的成功率显然更高。

当然，想要做到降维打击、打造标杆案例，自身要能吸引优秀种子。只有你自己变得强大、优秀，种子选手才会蜂拥而至。可以说，人在打造个人品牌前期是非常寂寞的，也必须耐得住寂寞。我们得安安静静、扎扎实实地耐心修炼自己、打磨产品，而不是借着三脚猫功夫去江湖上晃荡并混圈子、搞流量、做变现，这样会越走越偏、越走越无力，最终被淹没。不要去追一匹马，用追马的时间种草，待到春暖花开时，会有一群骏马任你挑选。

俗话说，"名师出高徒"，但在我看来，应该是"高徒出名师"。没有成材的学生的老师是称不上名师的；同理，如果没有标杆案例，一个人的个人品牌则很难建立。

真正拥有个人品牌的人，用户会帮你说话，铁粉会帮你吆喝。

第二十章
一
弱关系：做自己的贵人，才能遇见贵人

不知你有没有一种感觉，给我们帮助最多的，或者说，让我们的人生之路发生重大转折的，往往是弱关系，而不是强关系。

最早发现这种现象并给出科学解释的是美国社会学家马克·格兰诺维特。格兰诺维特认为，一个人在工作、事业中最密切的社会关系，往往不是强关系，而是弱关系。在《找工作》一书中，他通过大量调研发现，人们通过弱关系找到工作的概率要远远大于熟人推荐。

之所以出现这样的现象，是因为熟人掌握的信息、资源，具备的能力、视野几乎相差无几，而弱关系之所以厉害，是因为它能**打破信息壁垒，传播新信息**。

什么是弱关系？简单来讲，就是很少联系甚至没见过面、相对不那么熟悉的人之间形成的关系。这些人往往很容易成为我们的贵人，助推我们在关键时刻、关键阶段来个华丽转身。

但在现实生活中，很多人却天天泡在自己熟悉的圈子与环境里，年复一年。朋友圈中的人，依旧是数年前的亲朋好友、老乡、老同学。我这样说，并不是反对你跟这些人来往，有血缘关系的亲戚、知根知底的老朋友，在我看来，只能算是我们人生发展路上的基本盘，给我们提供一个相对稳定的后方。一个人要想获得快速成长、关键性成长，就一定要不断进行圈子升级，不过度依赖熟悉的人之间的强关系。

几乎每一年，我身边都会走掉一批旧人，与此同时，也会迎来一批新人。弱关系的扩充，让我不断脱胎换骨，看到新风景。有一次，一个十多年没见的大学同学特意来深圳找我，他连连惊叹于我的成长，说我思考问题的角度、对事物的判断颠覆了他的认知，一次聊天简直价值百万。我之所以能让他有这种惊叹，倒不是因为我自己有多厉害，在我看来，最根本的原因是他十多年来一直待在亲朋好友的舒适圈里，认识的人非常有限，这自然也就阻碍了他获取新信息。久而久之，我们之间的成长速度便拉开了距离。

弱关系究竟有多大的能量，其实从我们日常输出的内容中也可以直观地感受到。给我们点赞、打赏、转发最多的人，购买我们产品、服务最多的人，甚至渴望亲近、无条件信任我们的人往往是我们不认识、关系平平的粉丝、读者、用户，而非嘘寒问暖的七大姑八大姨。当我们意识到这一点后，我们就应该把内容对象放在遥远的陌生人身上，这会使我们的内容表达更客观、更大众、更全面，最终才有可能引发群体效应，毕竟对我们来说，陌生人的数量要远远多于亲朋好友的数量。

我在课堂上经常讲，**打造个人品牌不是为了获得亲朋好友的夸赞，而是吸引远方的目光**。当明白这一点后，若你发现哪一天哪个作品或产品没有得到亲朋好友的支持时，你也就见怪不怪了。毕竟我们要服务、影响的对象不是他们。谁叫他们对我们太过熟悉了呢。太熟悉，也就没了新鲜感；没了新鲜感，便觉得一切都是理所应当的，这最终也会使他们失去持续支持的热情。

所以不论怎样，提升弱关系对于我们打造个人品牌十分必要。下面分享提升弱关系的 3 个方法。

一、请他人帮一个忙

大多数人都不太喜欢麻烦别人，但现实情况是，一段好关系往往是麻烦出来的。

心理学中有一个理论叫富兰克林效应，说的是要想让一个人对你产生好感，就要刻意制造机会让那个人给你提供帮助。富兰克林说过一个他自己的例子。

在富兰克林还只是一名州议员时，他想要争取另外一名"并不友好"的议员的支持。他的做法不是卑躬屈膝、取悦讨好，而是请对方帮一个忙——借一本对方收藏的稀世好书。没想到的是，对方答应了，更没想到的是，这次主动求助让那名议员对富兰克林的态度发生了惊天逆转，在日后的工作中给了他大力支持，二人还成了非常要好的朋友。

我们身边类似的事件数不胜数。在我从事销售行业的学员群体中，那些年入千万的"业绩王"大多是会求助的人。

有一位身家过亿的学员曾跟我分享她成功的秘诀，最关键的策略就是"麻烦"那些高能量的人。

比如，她知道客户在北京，去北京时就会跟对方说："我今天刚好在北京出差，很想去尝尝北京最地道的烤鸭，知道您爱好美食，您可以给我推荐一家吗？"

那些被她麻烦的客户，今天都成了与她无话不谈的好朋友，他们又给她介绍了许多高能量的新客户，助推曾经平凡的她成为今天这个财富自由、高能量的人。

求助之所以这么神奇，不过是因为主动求助会让对方感觉自己很重要、被需要、被肯定，这是人性的魔力。

那么，我们应该如何正确求助呢？

第一，我们要找到那个求助对象。"六度分隔理论"告诉我们，一个人只需要通过六个人就可以找到世界上任何一个你想连接的人。因为互联网这个连接链，人与人之间的距离又进一步被缩短了。名人、大咖几乎都会做公开表达，会活跃在某些平台上，如微博、抖音、公众号，这些平台都有留言、私信、评论等互动区，有的人甚至还会留下个人或其商务对接的联系方式，若想连接对方，只要多出现几次，大概率就会引起对方的注意。试想，如果我的一个粉丝在视频号上连续给我点了 3 个月的赞，我想不记住他都难。

第二，找到目标对象后，就要展开行动，向对方发出求助信号。求助一定要在对方的能力范围之内，最好是对方能轻松解决的事，且这个求助事件不会给对方造成负面影响。

曾经有一个听过我一次线上公开课的学员加了我的微信，但我对他没有任何印象。有一次，他突然向我求助，希望我能跟他直播连麦，推荐一下他的新课，十几分钟就好，并给我发来他的课程。这件事显然在我的能力范围内，我试听了一节 5 分钟的课程后，觉得还不错，于是爽快地答应了他。或许正是因为这次连接，我们有了进一步的联系，后来又有了许多商业上的合作。

如果你觉得达成自己求助的事件对对方来讲有一定的难度，或者你觉得对方有可能拒绝你，你也不必焦虑，你可以拿出自己的诚意，并且要让对方看到你的诚意。比如，向对方支付一笔费用或者用心赠送一些对方用得着、喜欢的礼品，等等。

我个人在学习上的投资早已超过 100 万元，这给我最大的感触是，我不仅学到了知识，更重要的是，我收获了许多良师益友。这些因学习铺开的人际关系，从后来所产生的回报看，远远大于我当时的付出。付费学习一定是收获贵人、加速成长最快捷有效的一条路。当然，前提是你要跟对人。

二、帮他人一个忙

除了请他人帮一个忙，其实你还可以帮助他人，这也是提升弱关系很有效的方法。也许你会说："对方都是厉害的人，我这个平庸小辈、凡夫俗子哪来的能力给对方提供帮助？"其实你大可不必小瞧自己。在我看来，任何人都有别人不可取代的优势；一个人即使再厉害，也一定会有缺口。

只要找到对方的缺口，我们就可以"乘虚而入"。

一个自媒体大咖的缺口可能是好的文案、剪辑、设计师、运营人员、铁杆粉丝；一个明星的缺口可能是经纪人、化妆师、摄影师、生活助理等幕后人士；作家看似一个人、一支笔便可行走江湖，其实他也同样需要好的编辑、策划、营销人员，甚至是优秀的读者提供试读反馈，等等。

拿我自己举例。有一次，我家里的无线网络出现故障，而我 10 分钟后就要直播授课，于是我急忙在微信朋友圈求助，希望有人可以帮我解决。消息刚发出来，马上有一个人跳出来说："伍老师，我认识一个网络高手，我帮您联系下。"3 分钟后，高手出现了。5 分钟后，高手以远程的方式顺利帮我解决了问题。直播结束后，这个向我伸出援助之手的网友给我留下了非常深刻的印象。在后来的工作中，我不仅帮她介绍了不少客户，还给了她不少个人品牌打造方面的帮助，我们的关系自然也从陌生的网友成了相互信赖的朋友。

《别独自用餐》的作者法拉奇就讲过一个他自己的故事。

出身贫穷家庭的他小时候给当地一位富商——勃兰特夫人当球童。每次服务他都全心全意做到极致。比如，他会在比赛的早上走遍球场，测试球在不同草地上的滚动速度及方向，还会为了勃兰特夫人的健康，故意把她的烟藏起来。

基于法拉奇的协助，勃兰特夫人赢得了许多场比赛。自然而然，勃兰特夫人热情地把他介绍给了自己的朋友们，这其中就有很多可以帮助法拉奇的人。

后来，法拉奇成为德勤公司的市场总监、好莱坞知名营销公司的CEO，这离不开他从小练就的"给他人帮一个忙"的弱关系思维。

提供帮助有很多种方式，如出卖时间、提供服务。我想，所有普通人都有能力做到上述两点，只要你愿意，只要你用心，而这两点恰恰是厉害的人需要的缺口。

三、让自己值得被帮助

可以说，让自己值得被帮助是遇见贵人、提升弱关系最根本的因素。当你渴望进入一个高能量的圈子，渴望改变自己的人生走向、成为一个有影响力的人时，先回到自己身上，为自己做一次评估：我是一个值得被帮助的人吗？

什么样的人值得被帮助？

要么你有一定的能力，要么你有一定的潜力。毕竟，弱关系里的人本来跟你没有直接关系，不是你的亲朋好友，没有任何责任与义务来帮你。要想彻底强化这段关系，关键在于你自己。这也是我说任何一个人都有必要打造个人品牌的原因。你只有让他人看见你，他人才有可能欣赏你、认可你。

在学校，一个学生能得到老师的喜爱是因为该学生表现优秀；一个员工能获得老板的认可是因为这个员工能完成 KPI；一个普通人之所以能得到贵人相助，也一定是因为这个人做对了一些事。**任何人都不会平白无故获得加持，凡事都是有条件的。**这个条件就是这个人在本质上并非"一无是处"。黄铮之所以获得丁磊、段永平的加持，岳云鹏之所以获得郭德纲的加持……只不过是因为贵人在他们身上看到了某种可能性、闪光点。正如查理·芒格所说："想要得到某样东西，最好的办法就是先让自己配得上它。"

做自己的贵人，才能遇见贵人。以下几点，我希望我们可以一起践行。

1. 做一个乐观的人（爱笑的人，运气总不会太差）。

2. 做一个乐于公开分享的人（一个人的思想、才华，只有通过公开分享才能被看见）。

3. 做一个不断精进的人（让自己变得更好是解决一切问题的根本）。

4. 做一个对他人有用的人（一个人的价值来自他帮助多少人解决了多少问题）。

5. 做一个爱自己的人（爱自己，才会被人爱）。

第二十一章

品牌故事：如何讲出高价值的故事

从本质上来讲，不论你推销什么，卖的其实都是你这个人。由此可见，真正拥有个人品牌的人也一定是一位讲故事的高手。

乔布斯的"活着就要改变世界"的故事，董明珠"让世界爱上中国造"的故事……毋庸置疑，这些人和这些故事早已深入人心。

为什么一个人会不由自主地代入故事中？为什么人那么喜欢听故事呢？

因为**讲道理都是证明"我是对的"，而讲故事是帮助他人看到可能性**。前者是冰冷的数据与逻辑；后者则充满了温度，能让他人感同身受。比起堆积如山的数据，人们更容易接受故事。

一对情侣如果天天为了谁负责洗碗、谁负责做饭讲道理，进行公平分配，那二人大概率会矛盾重重；一个创业者，与其告诉客户我的产品质量做到了某种高度、拿了几个专利，不如给客户讲一个故事，告诉他我为什么要做这个产品，它将帮你解决什么烦恼、带你看到一个怎样的世界；一位家长与其苦口婆心地劝孩子认真读书，不如给他讲几个因为认真读书而拥有自主选择权的故事……

提到讲故事，很多人的第一反应就是故事都是骗人的、忽悠人的。比如我们经常听到，在股市、创投圈，很多人用讲故事来形容、评价那些不良的公司或创始人的行为。这显然是误解了讲故事的本质。我们不能因为某些人的无良做法，就认为凡是讲故事的人或公司都是骗子。

故事的真正魔力在于能帮他人以更低的成本了解、读懂我们。比如，我曾把一名学员介绍给一家上市公司的董事长。如果我只是笼统地说她是卖保险的，这位董事长估计就不感兴趣了。我采取了讲故事的方法，跟董事长介绍说她是一个单亲妈妈，在大城市奋斗了 10 年，10 年来，每天 5 点起床，白手起家，身家过亿，她带领一支上千人的硕士、博士理财师队伍，服务了十几家世界 500 强企业的高管客户。董事长听完，竖起了大拇指，迫不及待地想要与她面谈。

你看，讲故事并不是叫你讲一个童话故事，其原材料并非虚构，而是真实的，讲故事的人只是把原材料进行加工，制作出一道"美味佳肴"。

接下来，我分享 2 个"制作美味佳肴"，即讲好个人品牌故事的方法。

一、逆袭法

逆袭法，顾名思义，意味着一个人过去的情况一般，但通过努力克服种种困难，华丽转身，过上了好日子。这个模式特别适合我们普通人，可以用以下公式来表达：

起点低→过程苦→结果好

起点低指的是个人的身世、成长环境、学历、资源等条件不是十分优越，是从过往客观的层面来切入的，过往客观即已经发生了的、不可更改的事实，且这些事实不甚理想。这部分的内容如果讲得好，你会很快让目标用户有代入感，让他们感知到自己跟你是同类人。

过程苦指的是在成长的路上经历的波折与困苦，这可以是外在冲击，也可以是个人精神层面的创伤。在这个环节里，你要把背后的故事，即不为人知的辛酸讲出来，多描绘具体的事件、细节、场景。你承受、遭遇的疼痛越大，你的故事张力也就越大，读者的共鸣也就越大。需要注意的是，**讲故事并不是让你卖惨，而是卖你的观念。**读者更想看到的是，惨痛背后，你是怎么抵抗、克服、解决的。

结果好。故事的结尾部分，一定要让读者看到今天的你与当初那个平凡的你相比早已脱胎换骨、凤凰涅槃。好结果会使你之前受的苦、低起点都成为你传奇色彩中最鲜艳的那一抹。

在各类自媒体平台上，我们随便一搜就可以看到很多逆袭故事、普通人不甘平凡的故事。

这类故事的传播本质在于，你的普通，会激发许多人的代入感；你的逆袭，会激发许多人的斗志，他们会以你为榜样，向你学习。

一个有生命力的 IP 不也是如此吗？通过正面引领让更多人变得更好，而不是让更多人为你疯狂。

二、万能故事法

再给你分享一个特别好用的讲故事的方法：靶心人公式。它源于很会讲故事的许荣哲老师。由于这个公式实在太强大，我索性把它定义为万能故事法。

所有人都可以拿它来讲故事，所有人都可以用它学会讲好一个故事。该方法具体分为 7 个步骤：

目标→阻碍→努力→结果→意外→转折→结局

目标，即你的梦想、规划。比如，想进入某个工作单位、希望公司上市、想过上一种理想的生活，等等。这个目标是明确且坚定的。

阻碍，即在实现目标的路上，有过哪些障碍、困难、疼痛的遭遇，类似逆袭法中的"过程苦"。

努力，即你是怎么克服阻碍的，采取了哪些行动，尝试过哪些努力。

结果，即通过努力，你取得了怎样的结果。但这里的结果可能只是一时的成功，并不一定是最终美好的结果。

意外，即突如其来、始料未及的遭遇，推动故事开始朝新的方向走。

转折，意味着危机背后的良机，推动结局往好的方向发展。

结局，要么是历经千辛万苦、世事沧桑后，故事的主人公梦想成真，要么是主人公牺牲小我、成就大我的传奇结局。总之，结局不论是悲伤还是喜悦，都要让读者感受到故事主人公的人格魅力。

举一个家喻户晓的故事——《海的女儿》（美人鱼的故事），来完整诠释这一公式。

美人鱼的目标是什么？嫁给王子。她的阻碍是什么？没有脚，上不了岸，见不到王子。因此，她费尽心思，努力找到巫婆，希望巫婆能赐给她一双脚。巫婆答应了，但需要牺牲美人鱼身上最好的东西——她优美的嗓音，并且告诉她，如果王子没娶她，她就会变成一团泡沫，然后消失。结果是什么呢？美人鱼上岸了，也见到了王子，短暂地过了一段好日子。这个时候，意外发生了，王子告诉美人鱼，他终于找到了当初在大海里救他性命的女孩——隔壁国的公主。王子显然是搞混了。他还告诉美人鱼，他已经决定跟邻国公主成婚。美人鱼由于失去了嗓音，讲不了话，她的心都碎了。故事讲到这里，转折出现了，这个部分往往是故事最高潮的部分。美人鱼的姐姐向巫婆求情，希望巫婆可以救妹妹。巫婆说，只要你妹妹愿意拿我手上这把匕首去刺杀王子，她就可以活下来。最终结局是什么呢？美人鱼不忍对心爱的王子下手，悲伤地掉下眼泪，她将匕首扔向大海。最终美人鱼变成一团泡沫，死去了。

你看，用万能故事法的 7 个步骤一拆解，整个故事的脉络立马变得十分清晰。结构严谨，层层递进。看似简单的故事，同样可以引人入胜，感动万千读者。

你也不妨把自己的故事套进去，同样可以快速讲出一个打动人心的好故事。

在许荣哲老师看来，故事创作不光可以采取"目标→阻碍→努力→结果→意外→转折→结局"这一完整路径，还可以任意调取这 7 个关键要素，把它们像积木一样进行排列组合，同样可以讲出完美动人的好故事。

比如，我们可以把它拆解为"目标→阻碍→努力→结局"。许荣哲老师把它叫作努力人设模式。故事的主人公带给大家的印象是"一个为了达成目标愿意倾其所有、全力以赴的人"。

举我某个学员的例子。

目标： 挚爱孩子的她，致力于用全部力量给孩子打造一个美好的世界。

阻碍： 丈夫常年出差，两地分居，婚姻不和。再后来，丈夫变心，她忍痛离婚。

努力： 她带着两个孩子来到其他城市。一边自我提升，考取了医学博士；一边陪伴两个孩子读书。由于熟知并认可保险的商业价值与社会价值，博士毕业后，她主动走进某保险公司的大楼，成为一名最懂医学的保险顾问，用她的专业与人品赢得了一个个大客户。

结局： 如今的她，组建了一支近200人的医疗博士保险团队，年收入过千万。两个孩子都考入名校。每年暑假，她都会拿出1个月的时间带着两个孩子旅行，在山山水水间留下了他们的欢笑。她还把这一个个幸福的瞬间拍成短视频，获得了成千上万妈妈粉丝群体的赞赏与好评。

你看，这4个简单的步骤，同样可以完整地讲出一个好故事。

如果把故事拍成短视频或者写成文章，短短两三分钟便可帮助他人快速地认识你、读懂你，感受到你努力时散发的人格魅力，进而对你这个人产生信赖，并由此产生未来的各种商业价值。

我们再来做一个排列组合：目标→意外→转折→结局。

许荣哲老师称它为意外人设模式，即这里的目标跟你最终实现的结局是完全不一样的。你起始的目标是 A，结局却是意料之外的 B。

以我的一个朋友 J 为例。

目标： J 家贫，父母常常被人瞧不起。因此，他们把所有希望都寄托在 J 身上，希望他功成名就，有稳定工作，成为一个让父母骄傲的人。

意外： J 通过努力，的确达成了父母的愿望，进入了知名企业。但那份在别人看来很好的工作，却令他苦不堪言。他始终难以适应这家企业的工作环境，这是他始料未及的，他没有信心继续走下去。

转折： 长时间的压抑让他爱上了心理学，于是开始不分昼夜地阅读、探索与研究心理学。他开始在知乎、公众号输出大量干货文章。短短 3 个月，他竟然获得了超过十万粉丝的赞赏。

结局： 粉丝的认可，给了 J 莫大的信心。他听从内心的召唤，毅然决然地辞掉那份他人艳羡的工作，过起了自由自在、无拘无束的生活。写书、讲课、更新自媒体文章……如今，他一年的收入约是过去七年收入的总和。最重要的是，他活成了一个笑容灿烂的大男孩。

看完努力人设跟意外人设这两种人设模式，也许有人会问，究竟哪种人设模式更能打动人呢？在我看来，二者本质上并无优劣高低之分，关键是看你讲给谁听、在什么场景下讲。前者很励志，后者很勇敢。拥有这两种人生成长历程的人都值得赞赏，都会有一批拥趸。作为一个讲故事的人，我们大可不必为此纠结。

此外，不论你采用哪种方法讲个人品牌故事，以下 3 点一定要重视。

第一，你讲的故事是真实的。真实才有真情实感，才经得起时间的检验。

第二，这个故事一定要表达你的观念。透过故事，读者能感受到你是一个有着怎样性格、信念的人。正如作家玛雅·安吉罗所言："人们会忘记你说过的话，也会忘记你做过的事，但他们永远不会忘记你带给他们的感受。"

第三，从本质上讲，讲好一个故事就是讲好你的使命感。一个陌生读者、粉丝在网络上、现实中遇见一个陌生的你，能吸引他们的，并不是你的外表，也不是你的财富与社会地位，而是你帮助多少像他们那样的人取得了成功。这句话也许听上去很虚，但故事中笑到最后的人不都是如此利他吗？

就像本章开头举的例子。乔布斯的"活着就要改变世界"的故事，董明珠"让世界爱上中国造"的故事……

很多学员告诉我，他们之所以主动来报我的课、来连接我，就是因为听了我的使命故事：帮助每个有一技之长的人拥有 1000 个铁杆粉丝。

去找到你的使命，去书写你的故事吧！

第二十二章

风险管控：如何应对他人的非议与攻击

　　俗话讲，人怕出名猪怕壮。当一个人的知名度与影响力到了一定程度时，几乎不可避免地会遭到某些人的蓄意攻击，如诽谤、嫉妒、打压、轻视、陷害等。这就叫"故木秀于林，风必摧之；堆出于岸，流必湍之；行高于人，众必非之"。

　　"见不得别人好"似乎很常见。关于这样的故事，想必你也经常听到："谁昨天还是凡夫俗子，今天就成了天之骄子，他一定是走后门、搞关系了""谁之所以成功，还不是因为她有几分姿色，靠非正常手段博出位""谁的粉丝都是假的、证书都是买来的，连写的文章都是代笔的……"

　　很多人一听到这样的负面评价就急了。这就着了那些人的道了。要知道，他们可是专门以喷人为乐的，就怕你不上道、不回应、不搭理。

　　我不少学员都遭遇过这样的事。我开玩笑说："这至少说明你红了。你不红、不火，他们才没那个时间与精力去关注你呢。"

　　我的一个学员就面临这样的问题，她还特地来找我求救。

一个同行前辈看到初出茅庐的她，对她不是很认可，还挖走了她不少学员。

从未有过这般遭遇的她委屈极了，准备还击。我给她的建议是不如借助这次机会给学员好好讲一个自己的真实故事。她照做了。第二天，她就在公众号发布了一篇文章，讲了自己的真实故事，还在视频号上传了条短视频，公开晒出自己在德国及法国蒙氏教育体系下的学习成果与教学成果，其他只字未提。正所谓"真金不怕火炼"，其彰显真才实学的个人故事获得了一众铁杆粉丝的力挺与赞赏。与此同时，这个科班出身、成果斐然的蒙氏教育专家的故事还吸引了许多新用户的关注。事情也由此转危为机。

互联网让每个人都有了自我表达的机会，也放大了形形色色的人的缺陷。与此同时，也出现了很多不怀好意的人，其中很多人甚至还是有组织、领薪水的。在这背后，有的人被人当枪使；有的人是因为你动了他的奶酪，嫉妒心作祟；还有一些人最本质的问题在于，认知水平不够，分辨不清什么是美、丑、好、坏。

当你遇到这样的人时，无须跟他争论、对质，你需要做的只有一件事：远离他。

在心理学中也有类似的理论，叫达克效应，指的是能力欠缺的人在自己欠缺能力的基础上，得出自己认为正确但其实错误的结论，他无法正确认识自身的不足，也无法辨别错误行为。

也就是说，一个人越无知，越容易盲目自信。

我们要远离这样的人。再说，我们也不需要这样的粉丝。

如果你不幸遇到却没及时躲开，其实也不用担心。有的时候，被黑反而有助于提升你的真实人气。正如艺术家马塞尔·杜尚说的，一件作品的著名程度取决于它被谈论的次数。一个人的知名度也是如此。

钟薛高也有过这样因祸得福的经历。创始人林盛在某次采访时的言论被人移花接木，恶意剪辑成视频内容："钟薛高最贵的一支卖过 66 元，成本就 40 元，你爱要不要。"这种"爱要不要"的嚣张姿态瞬时惹恼了网民，相关话题一度冲上微博热搜。此后，钟薛高发布了完整视频进行回应，网友们这才知道事情的真相。这一恶意事件把这个冰激凌新锐品牌推到了数亿人面前，品牌彻底火了。如果没有这次事件，很多人根本不清楚原来还有个冰激凌品牌叫钟薛高，更加不会第二天就去买来品尝，并把它介绍给身边的朋友。

由此可见，当个人品牌遭遇风暴时，只要我们处理得当，就能转危为安。

在个人品牌建设的路上，除了人为攻击的风险，还有一种风险是客观事实的风险。

比如，前两年刘德华在某体育馆开演唱会，中途因嗓子发炎失声，他哭着向全体粉丝鞠躬致歉，并承诺所有门票可退。粉丝们不仅没任何抱怨，反而对他充满疼惜，现场一片沸腾的"华仔加油"之声，许多粉丝称"绝不退票"。

这一风险事件可以说被处理得非常完美。这背后有什么高深莫测的技巧吗？并没有。这其中最重要的是刘德华本人的真诚：真诚地唱到了"开不了口"，真诚地鞠躬致歉，真诚地承诺可全场退票。

我们再来设想一个场景。

你参加某次大型活动，不幸航班晚点，你迟到了；或者活动中途你的身体突然抱恙，而这时刚好轮到你出场。面对这种状况，你会怎么处理？

我能想到的唯一答案就是说明情况，真诚道歉，适当补偿。再无其他。

很多时候，客观事实的风险是我们无法预料、没法掌控的，那么最好的处理方式就是真诚、真诚、再真诚。错了就是错了，发生了就是发生了，该赔偿的赔偿，该道歉的道歉，不要试图狡辩，也不要硬撑（如果是身体因素更是如此），不要想着蒙混过关。

所以，面对客观事实的风险时，真诚就是一把利剑。**一个人真不真诚，对方一定感受得到，感受不到的真诚都不是真诚。**另外，真诚是教不会的，也不需要教。做人如此，内容创作也是如此。我们不妨少点套路，少点技巧，多点倾听，多点同理心。

个人品牌打造之路是一场修行之旅，一路上肯定会有突如其来的风雨，用真实做底色，用真诚做利剑，就能阻止、解决一半以上的外部风险。那剩余的风险呢？剩下的是内部风险，说白了，是自身造成的风险。处理这些风险，要看个人的价值理念、看个人的品质与修为。

内部风险能真正击垮一个人。其中，贪图名利就足以使很多人掉入万丈深渊。比如那些抄袭者，有的不仅堂而皇之地洗稿，还拒不认错，以为凭借自己的三寸不烂之舌及某些见不得人的幕后关系就可以阻止、销毁一切，实则早已失去人心。这样的人屡见不鲜，但他们终究无法长远发展。

其实，**真正的个人品牌离不开两个核心支柱，一个是人品，一个是作品。**做好这两点，就可以规避绝大部分的风险。

PART

4

第 4 部分

价值度
从被信赖到被奖赏

当你完成了辨识度、专业度、连接度的提升后，不用我多说，你的价值度自然会提升。因为赚钱的前提是存在信任。一个东西之所以值钱、能卖出去，是因为匹配到了需要它、欣赏它的买家。个人品牌也是如此，当你拥有了 1000 个铁杆粉丝时，想不变现都难。

为了更好地让价值落地，最后这部分我将向你分享 IP 变现的方式、获取回报的模式，告诉你如何把值钱的产品卖个好价钱。我更想告诉你的是，所有能持续卖出好价的 IP 背后一定有一个长期主义者，这样的人本身就值得被奖赏。

第二十三章

变现：4 种高价值的变现方式

　　恭喜你终于走上了价值变现之路。此时此刻的你不仅被很多人看见、认可、信赖，还收获了自己的 1000 个铁杆粉丝，更重要的是，你的专业才能、思想情怀都有了用武之地。

　　在线下课堂中，每当讲这一章时，我那些在教室里坐了数小时的学员便挺直腰杆，伸直脖子，摩拳擦掌，跃跃欲试，想看看自己究竟价值几何。

　　是的，每个人都有不同的身价。差异存在的原因，不仅仅在于你的粉丝数量、粉丝质量、粉丝黏性，更在于你的变现方式。

　　常常有学员问我："伍老师，你认为我打造个人品牌可以变现吗？""我该怎么变现呢？"

　　面对这样的问题，我都会统一回答："当你 IP 立起来了，想不变现都难。"

　　常常有学员给我汇报喜讯，个人品牌有所起色后，年收入从过去的

100 万元直接跳到了千万元级别。这一点也不夸张。之所以这么赚钱，是因为他们解决了商业交易中最重要的一点——信赖。信赖你的人不再只有你的亲朋好友、老乡、老同学等熟面孔，还有来自全世界各个行业、各个地区，甚至连一面都没见过的陌生人。并且，随着你个人品牌影响力的提升，信赖你的人的数量还会不断增长。

一旦一个人有了被人信赖这块基石，个人品牌的变现之路也就走得通了，不存在不能变现的问题。我们要解决的问题只有一个：如何做好价值变现。

此处分享 4 种常见且高价值的变现方式。

一、机会变现

当你有了一定的知名度和粉丝数，或者一定的影响力与铁杆粉丝，一定会出现一种情况：各种荣誉及商业合作会主动找上你。

比如，媒体会授予你各类头衔，相关平台会给你颁发各类荣誉证书，各种跟你定位相关的商业平台会邀请你担任要职……这些看似比较表面化的东西，在我看来，也是一种非常高价值的变现，甚至比你直接获得经济收益更值钱。你会因此收获更高质量的人际关系，拥有更多权威背书，连接更多优质资源……这些岂是金钱可以衡量的？

我自己就有一个非常强烈的感受，每天坐在家里，也能收到来自四面八方的合作信息。比如，邀请你出书的各个出版社与书商，邀请你担任某大赛评审的顶尖金融平台，邀请你出席某颁奖盛典的媒体，邀请你加入某协会、商会的各类主办单位，包括各类会谈、饭局……这时，只需从同质化平台当中保留少数优质的 1~2 家，避免权益冲突。

为什么别人会主动找你？无非是因为你能给他们带来流量，带来品牌溢价。而对于你来说，更应该看到的是平台、资源、人背后都是财富的孵化器。这是你出道的机会，也是创造财富的杠杆。因此，出现这样的机会时，你要好好珍惜。当然，你也要学会甄选和拒绝，切忌沉迷其中。不要为那些无关紧要的、拉低身份的、理念不一致的合作浪费精力。

曾经有个大 V 饭局，举办方特地告诉我饭局上都有谁在。当我听到某某某也在时，就谢绝了这次饭局。理由很简单，气味不合。哪怕对方的确能给我带来不少商业回报。

还有一些所谓的微信高端社群常常发来邀请，希望我加入，还告诉我里边都有谁、资源多么宝贵，等等。不熟悉的、观念不同的、目的不明确的社群，不论有多高端，我一概拒绝。据我所知，许多人打着名人的旗号对外卖社群，向普通用户收取入群费。我觉得把我的名字与头像跟那些莫名其妙的人放在一起，我会浑身不自在。不是我要大牌，说实话我也没资格耍大牌，我只是觉得自己的时间和注意力很宝贵罢了。

品牌之所以有价值，跟做人其实是一回事，你要爱惜自己的羽毛，因为你的羽毛本来就很珍贵。这样，你才能收获真正高质量的机会，进行高质量的机会变现。

二、产品变现

产品变现可以说是个人品牌变现最直接的方式。在这里，我们可以把产品分为实体产品和虚拟产品。如果你是一名保险代理人，那么你的实体产品就是保险产品及招募下线代理人；如果你是一所医疗美容机构的管理者，那么你售卖的实体产品可能是美容类产品；如果你是一名美食博主，那么你可以卖土特产或自制的美食，等等。

如果没有实体产品，怎么办呢？很简单，去生产虚拟产品。

常见的虚拟产品有课程，它包括线上课程、线下课程。可以说，课程产品是每一个知识 IP 必备的，甚至是每一个打造个人品牌的人都应该做且非常适合变现的产品。这也间接解释了为什么现在各行各业的老师层出不穷。因为课实在是太多了，所以你的课一定要有自己的特色，一定要有差异化价值，质量一定要高。

不论实体产品还是虚拟产品，变现的核心在于两点，一个是产品成熟度，一个是产品匹配度。

在实际辅导学员的过程中，我见过一些急于变现的学员，他们在产品还不成熟甚至还只是一个概念、一个雏形时，就开始对外销售，这样的行为会缩短自己的品牌生命。另外，你所卖的产品也一定要跟你的粉丝、读者、用户高度匹配，确保产品是他们需要的，越刚需，产品就越好卖。

三、服务变现

如果你什么产品也没有，那么还可以做什么呢？服务变现。

什么叫服务变现？就是用你的专业才能、你的思想智慧给人解惑或解忧。比如，心理咨询师给人做心理辅导，律师帮人打官司，医生给人治病，投资顾问教人赚钱……

服务变现常见的模式有，做社群、顾问、咨询、私人教练等。它最考验一个人的是你与他人连接的能力。我在前文也着重提到过，连接比拥有重要 1 万倍。

我身边不少朋友有几十万、上百万粉丝，但过得十分拮据，最根本的原因就是没有跟用户发生连接，没有为用户赋能。

得到 App 的罗振宇这两年特别提到，知识付费已升级为今天的知识服务，这是因为没有服务的交付都是耍流氓，而服务本身不仅能提升用户黏性，更能让你收获真正的铁杆粉丝。其实，每一个知识 IP 都应用心做好服务者，把用户当朋友。

有一次，小红书创始人木兰联合泡泡玛特创始人王宁、完美日记创始人黄锦峰、元气森林创始人唐彬森、茶颜悦色创始人吕良举办了一次以"未来品牌"为主题的对话。5 个创始人共同探讨了一个话题：品牌与用户的关系。

5 个人的答案如出一辙。王宁认为，品牌跟用户像是恋人关系；木兰认为，品牌跟用户是员工跟老板的关系，用户是老板；黄锦峰、吕良认为，品牌跟用户就是一种朋友关系；唐彬森也提到，品牌就像消费者用心的服务员。不论恋人、朋友，还是服务员，都有一个共同特点：一个好品牌的背后一定是一个真心实意的陪伴者，既能给用户带来实际价值，还能陪他一起成长，一起变好。

其实，服务变现这一模式最能体现、培育我们与用户之间的深度关系，能让我们收获一批真正的铁杆粉丝，从而创造更大的社会价值与商业价值。

说实话，在我个人一年的收入中，私人教练、顾问的收入占比高达 70%。也就是说，我日常讲课、写书、拍短视频所产生的收入只占我个人收入的 30%。前者是服务变现，后者是产品变现。服务变现是最能让你获得品牌溢价、最容易出实质性成果的方式。

四、广告变现

拥有个人品牌的人几乎不可避免地会被广告主找上门来，比如常见的接代言、直播带货、软文植入等。

第一个需要注意的点是，广告变现一定要符合你的人设。

我有个学员是一位深耕传统文化的博主，某次接了个山寨面膜的广告，尽管他一次性入账金额不菲，但与此对应的是，一夜之间流失了数千粉丝，并且在粉丝心中留下一个无法抹去的负面印象。显然，这是得不偿失的。所以，即使这款产品本身很符合现有粉丝的需求，但也别忘了一定要符合你的人设。

广告变现还需要确保所接产品货真价实。

在直播带货时，因为假货问题翻车的博主、艺人绝非少数。问题基本出在选品及供应链上。想要直播带货，就得对用户好一点、尽责一点，对你自己做的事专业一点。

我个人向来对不熟悉的产品保持高度警惕。常常有广告主在视频号上跟我连接，以还不错的市场价邀请我带货，但基本上都被我拒绝了。

一来是我没有那么多时间去了解、体验他的产品，二来是我还没准备好跟我的用户交代，暂时还不希望打扰他们，即使那个产品是我的用户所需要的。

在我看来，广告变现还有一个需要注意的重点：切忌过于频繁地接广告。

我有一个自媒体朋友做了 3 年公众号，积累了 40 万用户，很厉害吧？他的确是一个才华横溢的男生。但奇怪的是，他至今都没有任何一款属于自己的产品，也没有做任何服务变现。他的收入全靠广告变现。

他凭借几十万粉丝，每周接一条广告，平均一个月 4 条，每条报价 3 万~4 万元，用他的话来说，轻松月入 10 万元，年薪过 100 万元。不到 30 岁的他，买车买房，全世界旅行。

但好景不长。

有一天他突然找到我，向我诉苦，希望我能帮帮他。原因是，最近他的粉丝正在成规模、成组织地"潜逃"。睡一觉起来，粉丝流失好几百。他开始慌了。而原因很明显，他只把粉丝当成普通的消费者，而不是朋友、恋人、顾客。他频繁地接广告，粉丝们终于忍受不了了，开始集体反抗。

殊不知，个人品牌之所以能变现，是因为我们有一个粉丝账户。这就跟你的存款账户一样。如果你不投资，只消费，那么这个账户终究会被掏得一干二净。

所以，在本章结束前，我想提醒你的是，千万不要为了变现而变现，任何一种变现都应该是为了更好地服务目标用户、为用户解忧或解惑。当你这样以终为始思考时，你就会很清楚自己应该给粉丝提供什么产品或服务、应该接什么样的代言或广告。你若只奔着钱去，往往赚不到钱。当你认真对待用户、认真做好内容与产品时，"奇怪"的事一定会发生：钱会自动来敲你的家门。

所以，我也称它为人格变现。

第二十四章

获利：让你获取回报的 3 种模式

　　了解个人品牌的变现方式后，接下来我们就进入实操环节：获利的具体模式。模式对了，IP 变现才会真正落地。

　　说实话，过去的我对金钱缺乏概念。在心理层面，我跟人谈钱会不好意思，更不敢收高价；在财富模式层面，我更是只知道傻傻地做产品，天真地以为只要我不断努力把产品做好，就会卖个好价钱，得到不菲的财富回报。然而十几年过去了，伍越歌依旧囊中羞涩，要不是合作伙伴请坐飞机头等舱，要不是学员请住五星级酒店，要不是学员请吃小龙虾，我自己估计一年也消费不了几次。

　　熟悉我的朋友因此常开我的玩笑：伍越歌拒收的钱比实际到手的钱要多得多。

　　放在 2 年以前，这句话只有一重含义，就是伍越歌不懂得怎么变现、不懂得怎么高效赚钱。

　　但在今天，这句话却有了另外一重含义，即伍越歌知道什么钱该赚、什么钱不该赚，以及如何才能持续获利。

这背后发生的根本变化在于，我对获利这件事本身进行了系统升级，切换了新的模式。

我们可以把获利分为 3 种模式，分别是用时间获利、用钱获利以及让别人获利。

一、用时间获利

这几乎是所有人最初的获利模式：通过售卖自己的时间去换取物质回报。

一个白领通过辛勤工作获取薪水；一个滴滴司机按照分时与公里数计算个人收入，想要赚得多，路程就得跑得更远，路程跑得远就得耗费更多的时间；一个工厂流水线工人只有加班加点，才能多劳多得。这三类人都在用时间换取对应的回报。

唯一不同的是，不同的人的单位时间价值，即单价有所不同。有的人一小时值 20 元；有的人一小时值 200 元；还有的人一小时值 2000 元，甚至 20000 元、200000 元……造成这种现象及影响这个数据的主要有 3 个因素：个人能力、平台、个人品牌力。

能力越高，你的竞争力越高，别人也就愿意给你更多的金钱。除了能力，你在什么平台上赚钱也是一个核心因素。当然，能力越高，你进入的平台也会越好。

十几年前，我在苏州一所民办学校教书，工资每月不到 5000 元，据说还是当时学校老师队伍里待遇最高的，因为我的作文课在全校有稀缺性，只有我一个人在教。尽管我当时去教书并不是以赚钱为第一目的，但这份报酬至少反映了我的身价。后来进入互联网行业，我的收入瞬间翻了 3 倍，随着我个人能力的提升与平台的发展，我的收入开始按照年薪来计算，但终究还是没有逃开时间的"捆绑"。也就是说，我从年头一眼就可以看到年尾落入口袋的金钱数。凭借时间获利显然是没有什么想象空间的。

于是我索性辞职，开始自己创业，开启了个人品牌建设之路。

在我看来，打造个人品牌是能获取溢价的。

我从一名独立的培训师开始做起，到今天成为一名在金融圈、在更多专业工作者群体中较有影响力的 IP 教练。金钱回报也从当年的年薪升级为今天的日薪、时薪，从一个月 5000 元到今天的按天、按小时收费，这些高溢价都来自我个人品牌的崛起。

然而，从创造收入的模式来看，我尽管不再朝九晚五，不再依靠某个平台，并且享受了个人品牌的溢价。但说到底，我的收入依然在跟时间挂钩，我一天不讲课就会损失一天的课酬。我的获利模式依然是比较初级的，而我的时间显然是可以"改造"的，是可以"一课多吃"的。

比如，我把自己的线下课录制成课程视频，放在线上售卖，这样我几乎不用管理，每天就会有收入，日积月累，也收入不菲；我的课程内容又可以写成一本书，通过书，我不仅可以持续赚取版税，还可以获得更多的粉丝、学员；书的内容又可以单独摘选出来拍成短视频，继续分享给更多的用户、粉丝，从而源源不断地带来新的付费学员。这不就是所谓的"睡后收入"[①]吗？

要想获取"睡后收入"，关键在于你要懂得在个人品牌的加持下，去生产那些可长期复制的内容产品。这里的前提是你的内容产品一定是优质的，且不会被时间淘汰。如此，你便可以轻松地实现"一课多吃"，走出时间的囚笼了。

二、用钱获利

钱生钱这种获利模式显然更适合那些已经有一定资本的人。

我一直建议许多年轻人（比如职场新人）不要炒股、炒期货，因为初出茅庐的你本金往往不多，即使赚了 1 倍、2 倍的收益，也无法从根本上解决你的财务问题，你还冒着极大的资金风险，消耗着个人非常宝贵的时间成本。

亚马逊 CEO 贝索斯有一次请教股神巴菲特："你的投资理念非常简单，为什么大家不去直接复制你的做法呢？"

巴菲特回答："因为没有人愿意慢慢变富。"

据公开报道，巴菲特个人 99.8% 的钱都是在他 50 岁之后才赚到的。

我认识的那些所谓财务自由的人，那些年入数千万、年入过亿的人，没有一个是一夜暴富的，他们都懂得并能践行一个最简单的方法：放长线，钓大鱼。他们非常明白，世界上没有任何一件事是你急于求成便能成

---

① 网络流行词，指被动收入，不需要花费多少时间和精力照看，就可以自动获得的收入。"睡后收入"不代表不劳而获，往往要经过长时间的劳动和积累。——编者注

的，花开一定有期。

但想要做到这一点，有个最大的前提：你能持续在场外赚到钱。

随着你的能力、个人品牌力的不断提升，你所能提供的场外资金就会越来越多。这会让你持有的某个投资标的进可攻、退可守，不会跌几个点就束手无策，忍痛割"肉"。

由此可见，想要让钱去生钱，根源在于你愿意把钱花在投资自己这个人身上：投资自己的大脑，投资自己的身体。应该没有什么标的比你自己更牢靠了吧？既不会跑路，又不会倒闭。正所谓钱花在哪里，哪里就会开花，一如你把时间花在哪里，哪里就会留下痕迹。

从货币属性来讲，钱本身没有任何价值，价值来源于交易，只有在流通的过程中才能创造价值。说白了，会花钱的人才赚得到大钱。

被誉为"世界上最会生活的人"的松浦弥太郎就说过："不买就什么也学不到，想知道的事要花大钱。"所以，别再羡慕那些享受钱生钱的"躺赢"的人了，他们之所以有今天，是因为昨天、前天他们懂得也舍得对自己这个人进行定投。

我团队中有个小伙伴常常被同事、学员、客户夸赞，当然也包括我这个老板。那是因为她总有超预期的表现。例如，我想设计一张课程海报，她一定会跟我说，"伍老师，交给我吧"；我想把上课情景制作成一部微电影，她一定会站出来说，"伍老师，我来搞定吧"；我想在课堂上给学员拍一些美美的照片，不用多想，她一定会信心十足地把活儿揽过去。我常开她的玩笑："还有什么是你不会的吗？"后来我才知道，她"背"着我利用空闲时间，报了各种职业技能训练营与辅导班，也不问我报销。她说，投资自己，总不会吃亏的。这样的人不受欢迎才怪。升职加薪受器重，当然也就理所当然了。

有的人有了钱就会各种买买买，看似拥有的东西越来越多，但他们的钱包只会越来越扁；有的人有了钱也会去花，但他们会花在自己的成长上、花在家人朋友身上、花在健康上、花在所服务或赋能的对象上。第一种人看似很富有，但随着时间的推移，他们只会越来越穷；第二种人看似钱都白花了，但不论走到哪里，他们都精神抖擞、健步如飞，都有人嘘寒问暖、把酒言欢，都是那么受欢迎。

这是因为，**社会不是根据每个人所占有的，而是根据每个人的贡献来分配财富的。**

三、让别人获利

让别人获利这一模式又适合谁呢？老板吗？有钱人吗？

其实并不完全是。

我们稍微理一理，思考一下：让别人获利的目的是什么。也许你会说，是赚得更多。多一个人就多一分力量，就能多做一些事；解决的事多了，那么钱自然也就多了，是这个逻辑。

但让别人获利的根本目的不是获利本身，而是释放更多的时间，我们可以自主支配时间、把时间自由地花在对未来更重要、价值回报率更高的事上。既然如此，那么哪怕你不是老板、老大，你也完全可以自己做主，用钱去买时间。

用时间获利的模式是我们牺牲自己的时间去赚钱，我们通常会这么跟他人说："这赚的都是辛苦钱。"也的确是辛苦钱。但高手一定是更轻松的，因为他拥有比别人更多的时间。

比如，你花钱请一个人——按照每天工作 8 小时来计算——你一天就拥有了 24 小时 +8 小时，共计 32 小时。请 100 个人呢？就是 100×8+24=824 小时。想必你已经看出为什么那些老板级的、有大成就的人，比别人获利更多了，因为他们拥有的时间是别人的几倍、几十倍，甚至几百倍、几千倍。时间就是金钱，这是事实，并不是一句鸡汤。

随便举个我自己生活中的例子。

有一次，一位朋友知道我有车，请求我开车去机场接他的一个朋友，那会儿我也的确没什么特别的事。拒绝朋友当然是不够意思的。我便答应了他，然后自己用手机叫了辆滴滴商务车，花 300 元就解决了。我为什么这么做呢？很简单，来回机场一趟，在不堵车的情况下，我至少需要花 2 小时。按照我 2 小时创造的成果来计算，或者直接按照我 2 小时的课酬来计算，我的时间成本是滴滴车费的好多倍。

早前我自己租房子，很多人都以为我娇贵、慵懒，竟然常常请家政来打扫卫生。我还会做个 Excel 表给请来的保洁阿姨，上面列举了我喜欢的所有日常消费品，请她一并帮我处理好。这么做的目的依旧很简单：我的时间很宝贵。

我常常跟我那些企业家、创业者、各领域专业人士的学员讲，打造个人品牌，持续公开表达，持续公开输出内容，你一个人是搞不定的。就拿拍一条短视频来讲，完整的生产链条包括选题、文案撰写、拍摄、剪辑、运营、维护等一系列工作。这会占据你非常多的时间，你的主业一定会大大受到影响，再说，你就算拼死拼活去干了，又怎么比得过那些团队作战的机构与平台呢？

　　所以，当你真正想要做好个人品牌，或者说当你的个人品牌影响力已经到了一定程度时，你必须要做的一件事就是花钱买别人的时间，组建团队，集体作战。

　　我们经常听一句话，能用钱解决的问题都不是问题。我们只有掌控好时间，才能有效处理与金钱的关系。不论今天的你正处于 3 种模式中的哪一种，我都希望你愿意跟时间做朋友，提高自己的单位时间价值，学会在自己身上花钱、花时间，创造更多属于自己的时间。

第二十五章
—
学会定价：把值钱的产品卖个好价钱

　　想要变现，就得给自己及产品定个价；想要获得更高的收益，就需要制定一个好的价格策略。本章就着重解决以下这些跟定价相关的问题。

　　我们都知道，传统行业的产品定价逻辑一般会基于成本及期望，即利润空间、市场供需关系等。

　　所以，一款产品想要畅销、被更多消费者接受，其对应的策略是要么降低成本，提升效能，释放更多利润空间；要么降低利润，薄利多销，抢占市场占有率。而产品与用户的供需关系则决定了它能否成交以及成交多少。如果供大于求，那么产品就很难卖且卖不上价；如果供小于求，那么产品相对来说就更好卖。

　　而一个拥有个人品牌的人跟传统商家的产品定价策略是有所不同的，其中最大的不同在于用户买的不仅仅是你的产品，更是你的品牌、服务。而品牌与服务是无法用具体数字来衡量的，这是用户对你这个人的一种认知。换句话说，他觉得你值这个价，那么这个价就成立且好卖，反之亦然。

所以，个人 IP 的产品定价公式应该是**成本 + 期望的利润空间 + 供需关系 + 用户认知**。权重最大的应该是用户认知。

那么有没有可能对用户认知施加影响呢？答案是当然可以。

首先，我们需要对用户进行分析，即你想要销售给谁以及谁愿意为你买单。也就是说，我们要先明确用户画像，找准赛道。

有一个朋友在公众号上有 5 万多订阅用户，他想做一款线上课程产品卖给他的读者，定价 199 元。两个多月的时间里，他卖出几千份。一年后，粉丝数涨到了 8 万，他觉得自己的影响力更大了，因此把原来的课程稍微改了改、调了调就宣称升级课，定了个高价——1999 元。销量如何呢？不到 20 份。几乎可以用惨淡来形容。

问题出在哪里呢？这显然是因为他高估了自己，没有对用户进行深入研究。

订阅他公众号的读者的确多了，但读者类型并没有变化，还是一群大学生及职场新人，这类人的消费力是不足的，高价线上课对于他们来讲，是有压力的。更重要的因素是，在这些人的眼中，他们对你的认知是你只值 199 元。这并不是说你能力不行、个人品牌很弱，而是因为很多时候你的价值不仅仅取决于产品本身，还取决于使用它的人是谁。受众的支付能力直接影响你的价格体系。

那么，难道我们就只能卖低价货，没有机会提高单价，推出高价产品吗？不要着急，我们可以从以下两个方面入手。

一、基于用户的成长速度

比如，过去你的用户中大多数人可能还是职场新人，但如今许多人已成为企事业单位的中高层，甚至开始自己创业，成为商业新锐。当你追踪到你的用户的成长高度时，再推出高价产品，就完全没问题。甚至可以说，这时你很有必要推出高价产品，以陪用户更好更快地成长。

我有个学员跟我分享了一件趣事。她去参加某个上万元一天的高端专业课。在现场，她发现她的两名粉丝也报了名，跟她做了同学。她一边欣喜，一边惊讶，跟粉丝们打招呼。粉丝无奈地说，张老师，你的课都太基础了，什么时候也推出高端课啊，我们一定买。她这才发现，她忽视了粉丝们成长的速度，这导致了粉丝的流失。

这也是为什么我反复对所有 IP 课的学员讲，一定要多跟你的粉丝连接，而不是停留在线上的热闹。你只有深度地走近他们，才能更清晰地看到他们的成长速度与轨迹，进而更好地陪伴他们、帮助他们。粉丝与 IP 之间一定是一个共同成长体。哪一方成长慢，哪一方就会失去另一方。

二、改变产品形态

假设你绝大多数的用户目前还只是一名职场新人，精英群体很少，这时你想要定高价产品，怎么办呢？很简单，改变产品形态。

比如，你的线上课还是 199 元，但你把线上课调整为线下面授课，除了线上线下的集训课，你还可以推出私教服务，限额一对一辅导。课程附加值高了，你就可以定更高的价格。

当然，如果你的用户本身就非常高知、高阶，其购买力及对你的认可度都不错，那么你就不存在为了卖高价而刻意调整产品形态的问题。我有许多专家型学员，如投资人、律师，其本身的圈子与势能都不错，关注他们的用户也都是优质用户，他们的课程定价自然不低。

不管低价还是高价，本质上都是在提升你在用户心智中的认知，既要让他们觉得物有所值，甚至物超所值，也要打出你的品牌力。

所以，我一直跟学员们讲的一个观点是，不要为了销售额好看而低价销售，不要为了能成交而低价销售，不要为了与对手竞争而低价销售。当然，也不要为了贵而贵，不要因为贪财而贵，不要为了彰显自己的身份而贵。

尽管我向来认为每个拥有个人品牌的人本来就很贵。但贵一定要贵得有道理。正如俗话讲的，一分钱，一分货。如果你影响力超群，处于一线网红阵容，那么毋庸置疑，你可以定很高的价。但对于大多处于二三四线，甚至刚刚站稳脚跟的 IP 来说，要想卖得更贵，只有一种可能，那就是**你愿意付出更高的成本**，用心力与体力来升级用户认知。

对于一名知识 IP 来讲，所谓大成本更多的是你的精力成本、时间成本、用心成本、资源成本。这些成本全部加起来，怎么会不贵？只要你愿意拿出这些成本，那么从原则上来讲，你就可以推出高端服务，定一个相对高的单价，名正言顺地让自己一身"贵气"。

事实上，越贵的东西越好卖。

同样的苹果，你分两批摆放，标上高低不同的两种价格，高出 1 元的苹果，大概率会卖得更好。此处只是举个例子，并非鼓励你利用顾客心理。这是为什么呢？在消费升级的时代，越来越多的人信奉一句老话：便宜没好货。

这在经济学中还有个有趣的解释，叫凡勃伦效应，指的是商品价格定得越高，越能受到消费者的青睐。这背后究竟是什么原理呢？这是因为，用户获取的不仅仅是产品本身，更大程度上是为了获得一种社会心理上的满足——满足其虚荣心与尊贵感。

电影首映礼的票价贵出许多的原因就在于它能帮用户赚取社交货币，让他优先于其他人观赏到作品，让其感觉自己被特别对待了。

同理，作为知识 IP，推出某款知识产品时，想要卖得更贵，我们同样可以从满足用户心理的角度切入。比较常用的方式有 4 种。

第一，设置门槛。采取面试、笔试等方式筛选学员。这样，被录取的学员就会觉得自己十分优秀，也愿意支付更高的学费。

第二，联名认证。比如，完成课程学习并通过考核的学员可以获得某权威机构的权威证书。这会让用户觉得自己很厉害，物超所值，更有意愿去公开发朋友圈，间接地帮你宣传。当然，前提是权威机构愿意跟你联名办学。

第三，限量限额。想必你经常看到市面上一些产品在销售时会限额，并提示用户若错过了还需再等多久；买某某产品时，提前下单的消费者可以享受早鸟价，这会让买到的人感觉自己很幸运，让他愿意为自己的好运支付报酬。

第四，稀缺服务。比如，珍藏版的书就可以比普通书卖得更贵，一对一私教就可以比一对多的集训卖得更贵，等等。用户一旦认可你，他就愿意花更多的钱来买常人没有的服务。

在这四种交易的背后，产品还是一样的产品，只是因为你帮用户创造了一种心理满足感，你就可以获得更大的收益。

若想卖得更贵，我们还可以反其道而行，帮助用户提升获得感，换言之，制造一种心理错觉，让用户感觉自己赚到了。在这里，同样给你分享4种特别好用的方法。

1. 更小单位定价

比如，某零食品牌原来的定价策略是39元一斤，顾客下单，常常是买10元或者20元这样整数金额的商品。后来，该品牌调整了价格的表达方式，把39元一斤，改为19元半斤，这时，顾客通常会说，给我来半斤。只是简单换了下价格的表述方式，销量同比大增。这是因为，更小的单位定价让用户有了一种更便宜的错觉，即使你的价格并没有改变。

我做了门个人品牌的线上课卖给B端企业，价格是25万元，很多人会觉得："哇，这么贵。"但当我说这门课有25节，1节才1万元，对方瞬时就会觉得："嗯，还挺便宜的。"

关于年度服务项目，我也同样建议你采取更小的单位来定价。比如，你可以把一年顾问费50万元的项目分阶段设立，如半年25万元、3个月12万元。这样做的好处是，可以给更多没那么懂你的人了解你、向你学习的机会。他如果觉得3个月收获很大，就有可能报半年、一年的服务项目。

小单位里往往蕴含着大成交。

2. 陪衬定价

陪衬定价，即拿另外一种消费属性的高价物品与他向你购买的服务或产品作对比，帮他看到你的服务与产品其实也不贵，更值得投资。

举个例子，我有不少学员都做了线上课，算是引流型的产品，定价都不高，普遍在 99~399 元。在进行价格描述时，我常常教他们用其他消费属性的等价物来做陪衬，效果往往还不错。比如，"少喝两杯咖啡，你就可以掌握一项升职加薪的硬技能""只用吃一顿火锅的钱，你就可以连接高手，掌握高手年薪千万背后的思维体系"。

前两年，有人说我的私教费太贵。面对这样的人，我要么直接拒收（讨价还价说明他还不认可我，而没有信任力，是做不好辅导的），要么我觉得他有成长潜力，便会换个陪衬物，帮他看到我的课程物有所值。

陪衬定价可以转移用户对损失金钱的恐惧，把关注点放在获得未来的收益上。

3. 尾数定价

这是一种特别泛滥却又百试不爽的定价策略，常常以 8、9 等数字作为尾数，如 8.8 元、88 元、9.9 元、99 元、1499 元等。9.9 元包邮，即使只比 10 元少 0.1 元，但带给用户的心理感觉是 9.9 元比 10 元要便宜许多。

关于尾数定价法有许多种解释。比如，用这种定价法可以避免假账；也有人说 8 和 9 数字很吉利；还有人说整数本来就更大一些，会让用户觉得自己多付出了。

不管怎样，尾数定价几乎是各个产品的主要定价法了。

4. 保障定价

2021 年，我做了个高端的个人品牌社群，收费 5000 元一年。每个人可以免费体验 7 天，如果不满意可全额退款。这种强有力的承诺大大减轻了许多人的付款压力。

我熟悉的高维学堂把这一招发挥到了极致。有一次，我跟高维学堂的创始人聊天，他说报高维的课的人，但凡觉得不满意，可直接退款。基于非常高质量的品控，高维学堂的退款率非常低，反而激发了越来越多的人对它给予高评价。

电商平台也会推出如"7天无理由退换货"等保障措施，目的都是给用户一个公开承诺，从而促进成交。

当然，你的保障一定得落到实处，这对你的要求也是很高的。你得把产品、风控等都一一做好评估。万一发生什么无理由退款事件，你要有兜底的智慧与代替方案。

以上4种方式对转化率的提升大有裨益，同时也没有牺牲你的品牌力与品牌身价。

想要卖得更贵、让个人品牌更值钱，在定价层面，我还需要给你提几个醒。

第一，千万不要打价格战。在个人品牌领域，任何一条赛道都没有一个人能独领风骚。如果你想占有更大的市场份额，想加速扩圈，你需要非常强悍的资本助力。

第二，不要用信息差赚差价。互联网世界就是一个扁平的世界。任何一个事物，也许昨天、今天他人不知道，但不意味着明天人家还不知道。在我看来，赚信息差的人是可耻的，注定会自掘坟墓。我亲眼见过许多这样的人，红极一时，落寞一世。

第三，坚守一个价格。说白了，不要有任何讨价还价的余地。定出来的价，一定是透明的、统一的。当然，对于实体产品来讲，在不同地区有不同价格，这是没问题的，也应该这样。前提是地区统一、群体统一。就像许多新零售品牌，线上跟线下价格相差无几。统一价格的做法会让品牌更立体、更真实、更容易被信赖。

定价是销售额中最大的变量，也是一个品牌价值的直观投射。只有真正提升我们的人格魅力与能力，发自内心地帮助更多用户解决更大、更多的难题，我们才会变得更有价值。

因此，千万不要为了获得更多的收入而被金钱所迷惑。要知道，金钱就像一个放大镜，会把现有的自己放得很大。你是一个虚伪的人，金钱就会放大你的虚伪；你是一个善良的人，金钱也会放大你的善良。

记住一句话：卖得更贵从来不是目的，提升用户对我们的认知才是。

第二十六章

—

产品体系：如何更好地为目标用户服务

了解定价策略后，接下来我们再聊聊产品体系。

可以说，定价跟产品是相辅相成的关系。高质量、高成本的产品定价自然更高；质量一般、成本也很低的产品，原则上定价也高不到哪儿去。在前文的定价策略中，其实我们可以窥探出产品设计的一些端倪。这也是我要先跟你讲定价再来讲产品的原因，当你明白可以卖很贵后，你才能知道如何为产品设计定调、如何展开设计。就好比一个人先清楚我要去哪儿，才知道我要选择什么交通工具，是乘坐飞机，还是搭乘高铁，抑或只需徒步。

站在个人品牌的角度，从产品形态来讲，产品可以分为虚拟产品、实体产品。常见的虚拟产品有顾问、教练、咨询、社群、课程等。实体产品就更多了，比如有些人会自主设计 IP 定位相关的产品，如蒙氏教育的亚楠就自主设计了蒙氏教具，出版自己的图书，包括 IP 文创类产品；有些人会代言或代理他人的产品进行变现。一些实业创业者学员做大 IP 后会直接销售自家的实体产品……这些都是从"我有什么产品"这个角度在思考。

对于一个有生命力、很贵的 IP 来讲，我们更应该从如何搭建产品体系来切入，让产品更好地为 IP 背后的人服务。

其实，一个成熟的 IP 至少要有 3 类产品，即引流型产品、利润型产品和溢价型产品。

一、引流型产品

引流型产品必须满足的一个条件是可复制。也就是说，你花时间、成本做出来后，可以在多个平台、在很长一段时间内进行销售。比如，做一门线上网课可以在全网传播，成本只需付出一次；出书也是一种非常好的一次成本、多次复制的引流产品。再比如，有些人针对其目标用户设计、整理了许多素材、模板，将其打包成一个产品，这也是一种不错的可复制的引流方式。

尽管是引流产品，但作为一个很贵的 IP，我们必须保证我们的出品是高质量的，是能代表我们的身份与能力的。

在这一点上，我见过一些学员吃过大亏。他觉得既然是引流产品，就可以粗制滥造，或者东拼西凑，不愿讲重点干货。结果不仅没获得新粉丝，反而丢失了许多老粉丝。

引流型产品最大的价值在哪里？或者说，我们为什么需要做引流型产品？理由很简单，**扩充流量，建立信任。**

薛兆丰的《薛兆丰的经济学课》在得到平台仅售卖 249 元，但有 54

万人购买，销售额是多少？ 1.3 亿元。刘润的《5 分钟商学院课》定价
249 元，28 万人购买，有近 7000 万元的销售额。并且，这些课程的订阅
用户还在持续不断增长。先不说他们本人实际到手的收入有多少，更为重
要的是，通过一门课，他们让几十万人知道了他们并且相信了他们，这多
出来的几十万粉丝可是无价之宝。

我自己也花时间、投入成本、联合合作机构，单独面向金融行业推
出了一门线上课，还请来了专业的编导、制作团队。不论内容还是制作效
果，都朝着精品化方向运作，甚至比我高单价的训练营的课程制作水准还
要高。我的出发点很简单，比起卖多少钱，更重要的是能渗透金融行业更
多的人，在他们心中建立信任，从而转化出更多的铁杆用户。

所以我们一定要搞清楚，引流课的核心目的是扩充流量，建立用户的
第一印象。跟高价课一样，容不得半点马虎，否则覆盖面有多广，杀伤力
就有多强。

既然引流课的目的是引流，那又该如何定价呢？

首先我建议你不要免费。哪怕你只设置为 1 元或 9.9 元包邮，也比免
费要强。为什么？很多人会认为，免费的往往没好东西，更糟糕的是，由
于没有任何门槛，你会吸引来无数只是为了占便宜的人，这会直接影响那
些真正想学习、想跟你连接的人。

至于具体定价多少，并没有一个标准说法。还是前文提到的，你能卖
多少价，是由用户对你的认知决定的。你觉得这个价能卖出去且能带来复
购，那么这个价就是合理的。但我整体的建议是，不要定价太高，或者尽
可能低价。因为我们的目的不是卖课，而是积攒流量。

二、利润型产品

顾名思义，比起引流型产品，利润型产品是能为我们带来一定利润的。它的存在给了信任我们的用户一个非常好的承接，否则流量就被浪费了。

想要做好利润型产品、进一步留住用户，有两个条件我们必须满足。

第一，强关联。利润型产品与引流型产品的主题及内容的关联性要强。不能说引流型产品是 A，结果利润型产品变成了 B。

第二，硬本领。比起引流型产品，在出品上，我们对利润型产品一定要有更高的要求。

比如，你的利润型产品是一门同主题的课，那么你的内容要就完整性与丰富度至少有 50% 以上的迭代。拿我自己来举例，我引流的产品是一门录播课，那么我的利润型产品的交付就成了现场直播 + 辅导，或者直接转为线下面授课，并且内容做到了 70% 以上的迭代。

如果你做的是实体产品，也是同一个逻辑。一定要超出用户对你的期待，给用户制造惊喜，同时也要体现你的综合实力。

要想让利润型产品客源不断，就得拿出你的看家本领，不能藏着掖着，更不能照本宣科。

今天这个时代是不缺有品位、有购买力、追求美好产品的用户的，缺的只是好匠人、有良心的好产品。作为一名真正拥有个人品牌的人，有权利、有责任，也要有这个能力去生产更多优质、用心的产品，去真正解决用户的难题与痛点。

不要去眼红那些短期内就名利双收的人，要知道，很多千载难逢的机会、很多真正赚大钱的 IP 恰恰来自用户对某些人的失望。在这个时代，只要用心做产品，不管多高的价格，总有人愿意为你买单。

所以，利润型产品是整个 IP 背后最为关键的一环，做好了就能从中筛选出真正的铁杆用户，做坏了你的 IP 也可能跟着崩塌。

三、溢价型产品

这类产品有一个非常典型的特征，就是贵，是真的贵，至少要比你的引流型、利润型产品贵数十倍。比如，你的利润型产品的单价是 1 万元，那么溢价型产品可以达到 10 万元、20 万元，甚至上 100 万元。

也许有人会说，我的 IP 才刚崛起，能溢价这么多吗？

在上一章，我提到一个观点，想要溢价，就得付出更高的成本。如果你能做到，当然是可以获得溢价的。

但我在这里更想讨论的是，我们为什么需要做溢价型产品，以及怎么做好溢价型产品。

溢价型产品不论从价格体系还是 IP 势能来说，它都发挥着一个非常重要的功能：锚定。说到底，它是为我们的利润型产品引流的，是提升我们影响力的一种有力举措。

当然，你也不能漫天要价。没有成交的溢价型产品反而会打你的脸，让更多人认为你不过如此。就像有些挂牌新三板的公司，如果没有任何成交，就算挂了牌，也称不上是个上市公司。

那么，怎么做好溢价型产品呢？有两点至关重要。

第一，稀缺感。对于用户来讲，这个机会一定是难得的，是少数人才会享有的权益，这样我们才能获得更高溢价。比如，产品的限量版可以卖贵几十倍，知识 IP 的私教可以卖贵几十倍。这是因为数量、名额、资质都有限，有限意味着你会为了他一个人或少数几个人付出更高成本、给他更大的能量。

第二，获得感。即能实实在在给他帮助。所以，除了用心交付，针对用户，我们还一定要做好筛选。对于那些你帮不了的用户，就干脆一点，拒绝了事。一旦收了人家的费用，就要负责，给对方强有力的支撑，为人解惑、解忧。

溢价型产品的背后，还蕴含着一个最大的价值，那就是打造标杆案例。对方付出了更多，你也付出了更多，这样彼此信任，共同前进，这比那些只是听了你一门课的人大概率更能出成果。

这些标杆案例又会不断给你的 IP 带来溢价，让你越来越值钱。

我们再来总结一下这三类产品对于一个 IP 的价值。

引流型产品给 IP 扩充流量，建立信任；利润型产品让 IP 秀出肌肉，为个人品牌筛选铁杆粉丝，持续盈利；溢价型产品给 IP 拔高势能，打造标杆案例。这样的产品体系不仅可以让 IP 背后的人赚到更多钱、更好地赚钱，更能提升一个 IP 在用户心智中的含金量。

另外，在产品设计中，我们始终要做好的一点是做出持续陪伴用户成长的好产品。用户在成长，我们更要加速成长。每成长到一个阶段，我们就需要有新的产品来为用户赋能。所以我们需要对产品不断进行迭代，需要针对不同阶段的用户开发不同的产品，覆盖用户的整个生命周期。

还是那句话，在这个时代，不缺买得起好产品的用户，缺的是制造好产品的人，做好产品的人才是真的贵。这样的人才有资格做自己、做别人的贵人。

第二十七章

长期主义：个人品牌长盛不衰的底层逻辑

在本书的最后一章，我想跟你聊聊长期主义。这也是我每次课程结束前必会聊到的一个话题，这既是对学员的善意提醒，也是对学员的美好期待。因为一个IP想要真正被人认可、信赖、尊敬，想要5年、10年后还活跃在台前被更多人看见，那么终极秘诀只有一个——做一个长期主义者。

长期主义，说到容易做到难。真正理解什么是长期主义的人更是没有多少，真正做到长期主义的人则更少。

也许有人会问："伍越歌，你是一个长期主义者吗？你自己做得到吗？"说实话，我自己也不知道，或者说，我做得还远远不够。但这都不要紧。重要的是，我想结合我个人的情况跟你聊聊我眼中的长期主义，如果你赞同并且愿意去践行，就是我写此文最大的价值。

若想做到长期主义，我们不妨先来聊聊大家对长期主义容易抱有哪些误解。

据我所知，提到长期主义，很多人对它的第一反应就是，做时间的朋友。用他们的话来说就是，找准一条赛道，风雨无阻地坚持下去。说得直白一点，谁坚持的时间长，谁就是一个长期主义者。

比如，我的一个朋友就跟我分享过一个他的案例。

他曾苦心研究，买入某只蓝筹股票，做好了长期主义的准备，即不管涨跌，坚定持有 3 年，至少有 1 倍的收益。没想到的是，日复一日，年复一年，跌宕起伏。3 年后，股票亏损了 70%！

试问，这样的坚持真的是长期主义吗？

再来看一个案例。我的一个 IP 课的学员是一家民营教育机构的联合创始人。在认识我之前，他做了 1 年的公众号。难能可贵的是，在这 1 年的时间里，他坚持日更，写了近 300 篇文章（每篇不到 500 字，几乎都是唠叨）。然而粉丝增长极其缓慢，1 年才有 2000 多名用户关注。他抱怨说："我没有红的命，日更也没用，只好放弃了。"

我想，类似他们这样的境遇，在现实生活中一定还有很多人遇到过，问题出在哪儿呢？

他们都只放大了时间的绝对值，以为坚持就一定会柳暗花明，以为努力就一定会有回报。

所以说，**时间只是长期主义的一个衡量值，而不是绝对值**。一件事并不是你坚持的时间久，就一定会成功。只不过那些取得成功的人刚好都付出了极高的时间成本。也就是说，长期主义并不是叫你一根筋地傻傻坚持。请你花一分钟的时间扪心自问，自己是不是思想懒惰，只是一味地机械重复呢？时间，只跟优秀的人做朋友。

那么，什么是优秀的人？

优秀的人有两种尤为显著的能力：自我革新的能力和守住初心的能力。

自我革新意味着你勇于打破成见，乐于创新。

很多人对乔布斯的直观判断是他不仅脾气暴躁，其想法还天马行空，是一个难伺候、善变的人。上一秒刚做的决定，一个转身又改了主意，常常让那些执行的员工捉摸不透、苦不堪言。乔布斯是故意刁难员工吗？显然不是。他所有的变都是基于事物的发展在做动态调整，所有的变都是为了有更好的未来，所有的变都有一个不变在背后做支撑，那个不变就是本质，比如为用户带去持续让人尖叫的产品。

在我熟知的金融保险行业，至今还有很多人在用陌拜、电销等十几年前流行的、非常传统的方式在做业务，认为没有客户成交、没找到客户是因为我的量还不够，我还不够努力，因此继续加大量，增加时长，坚持到底。这样做也许最终的确会撞上几个有购买意向的客户，殊不知，这不过是一种偶然罢了。当你被偶然垂怜时，你的竞争对手早已打破固有局面，创造了新方法，客户如云了。

守住初心是一种什么能力呢？

再看看我那位学员的例子。他写了1年的公众号文章，可效果平平，所以放弃了。你觉得他的问题出在哪里？是不够努力吗？是不能坚持吗？是真的没有红的运气吗？

其实都不是，而是因为他的出发点在一开始就错了。

他做公众号、写文章的目的只是红，是获得粉丝。也许有人会说，难道我做公众号不应该是为了这些名和利吗？难不成是为了锻炼文笔、陶冶情操？

我想，稍微懂得社会生存法则、懂得商业规则的人都知道，一个人之所以对你好、一个人之所以愿意跟你合作，是因为你能给对方提供价值。如果自始至终你都抱着"我要红""我要赚钱""我要获取粉丝"的信念，那么你的思想、行为、内容、产品就一定会跑偏，这自然就打动不了用户，而你的坚持，也无非是自我感动。面对这样的人，时间怎么会与之做朋友？

所以在我看来，**长期主义不是考验一个人的毅力的，它考验的是一个人全局思考的能力。** 由此可见，我们在跟世界相处时应该去做那些正确的事，而不是把事做正确。

举个我自己的例子。

一家知名机构的投资人通过中间朋友找到我，说可以给我一笔钱帮我快速做大。他具体解释说，他认识圈子中的哪个"网红"，可以牵线介绍我认识。他说愿意投一笔钱给我去买流量，把粉丝数做大。说实话，在接触他的当天，我特别兴奋，但我回去细想了几天，越想越不对劲。我反复问自己："他说的那些，是我需要的吗？我需要花钱买流量吗？我需要现在就稀释股份吗？我做好跟资本打交道的准备了吗？"越问，我就越清醒。那位投资人说的话也许都是对的，有他助推，粉丝数确实能提升，但问题是我需要做那些事吗？

当我想明白后，就谢绝了他。

所以，做正确的事的前提是，你要懂得拒绝诱惑。不要看到眼前的蝇头小利就丧失了方向。在打造个人品牌的路上，你会遇到太多的诱惑，但我敢说，有很大可能，诱惑背后都有甜蜜的陷阱。

举个例子，假设在你面前有两个选择，A 选择是你现在就可以 100%

拿走 1 万元，但有 80% 的概率影响未来的收益；B 选择是你现在得不到 1 万元，但在不久的将来有 80% 的概率可以获得 10 万元。试问你会怎么选？

如果你不知道怎么选，我可以给你提供一个工具：**设定长期愿景**。当你有了清晰、坚定的长期愿景时，你的每一次选择一定会果断许多，选对的概率也会大很多。

我之所以拒绝投资人的钱，也是基于我的长期使命与愿景：帮助每一个有一技之长的人拥有 1000 个铁杆粉丝。由此可见，我要的不是粉丝数，而是粉丝质量；我要做的不是娱乐网红，而是知识 IP；我要的不是名利，而是一份信赖与尊重。

在接触我之前，有许多学员都曾在其他大 V 处报过课，他们告诉我，当初吸引他们过去的原因，是那些老师向他们承诺：零基础也可以做出爆款、多少天可以涨多少粉。说得简单粗暴一点，那些老师可以帮助他们"一夜成名"。

事实如何呢？

他们的粉丝数的确是增长了，但基本上是买来、刷来的僵尸粉。

他们的确生产出了爆款，但同样也是刷出来的，并且由于内容较浅，引来骂声一片。

他们赢得别人的尊重了吗？并没有。他们赚到钱了吗？学费都赚不回来。典型的"看似抄了近路，最后却走了弯路"。

所以你一定要明白，如果你当下做的这件事不能为你的未来加分、铺路，那么我建议你不要去做。

对自己耐心点。曾国藩起初也没有惊世骇俗的才能，结硬寨、打呆仗，也能打出辉煌的战绩。因为**真正的高手、长期主义者都是无限游戏的玩家，而不是有限游戏的参与者。**

什么是有限游戏？有限游戏的目的就是让游戏结束，比如球赛要决出胜负；玩游戏要决出胜负。胜负一出，游戏即止。那什么是无限游戏呢？游戏的目的就是让游戏继续，比如，婚姻生活不是为了争个对错，而是为了让家庭更和谐；学习不是为了拿证，而是为了提升自己；创业不是为了上市，而是为了更好地做大做强。如此，游戏才能持续进行。

拿个人品牌来说，有限游戏者打造个人品牌的目的通常是圈粉变现，为达目的，他们可以不择手段。无限游戏者呢？他们是为了把价值带给用户，为更多用户解惑或解忧，做好了这些，变现自然不成问题，因此，他们每一步都跟用户在一起。

2020 年是我发展相对困难的一年。那时我所有的业务几乎都停止了。那一年，我收入锐减。后来很多学员评价我说，伍老师可真是一个耐力十足的人。他们的判断来自哪里呢？当时，我主要做了两件在很多人看来不赚钱的"傻"事。

第一件，对视频号的探索与实践。我免费收了几个学员，带领他们尝到了红利，成为各个细分领域的头部作者。第二件，就是潜心打磨产品，花了 10 个月的时间全新升级了个人品牌课，第一个版本跟最后一个版本的内容重合度不到 10%。

我为什么要做这两件事呢？为什么不急于变现呢？很多企业希望我接视频号广告，而且报价不低，我都毫不犹豫地拒绝了。我的目的很简单，我不想在这么慌乱、困难的时候去赚同样慌乱、困难的用户的钱。我想趁这个机会攒能量、攒产品，为明年、后年甚至更远的未来做铺垫。我更想试试我能不能玩好这一场无限游戏。

事实上，结果还不错。2021 年我迎来了重大转机。我的个人品牌课开课场次超 40 场，新增付费学员超 5000 人，口碑转介绍率保持在 90% 以上。一年多没联系的一些老朋友发来感慨："伍越歌复活了。"我心想，这不是天经地义的事嘛！

因此，不论你个人发展如何、谋利多少，想要玩好一场无限游戏，你都必须做好一件事：持续地创造好的产品，用心地爱你的用户。

小王子之所以觉得玫瑰花很美，是因为他付出了心血；你之所以觉得你的孩子可爱，也是因为你付出了极大的心血；你之所以能赚到钱、能打造 IP，是因为你始终为关注你的用户创造价值。**面对任何一件事，你越能真心付出，就越会觉得其乐无穷，结果也就越好**，游戏也就可以无限地玩下去。

这样的你才算得上是一个真正的长期主义者。个人品牌也就有了长盛不衰的可能。

我们一起努力。

后记

谢谢你能读到这里。

很幸运通过一本书，我们有了一次思想层面的交集，让陌生的你对我有了一个基本的认知。我想这就是公开表达的价值。它充满无限可能。

简单跟你聊聊这本书背后的故事吧。

创作这本书我花了大约一个半月的时间。过程之所以看上去还算高效，是因为我拒绝了一切诱惑，彻底闭关了。在那段时间里，我几乎推掉了所有工作合约及朋友的各种邀约，授课改期，聚会延迟，只为能集中精力好好地创作这本书。看似短期我损失不少，但这又何尝不是一次对未来的投资呢？

从个人品牌的角度来讲，一本被市场、被读者真正认可的好书，本身就是一个极好的背书。它可以是一张名片，让他人更好地了解我；可以是杠杆，撬动更多宝贵资源；也是复利工具，一次性投入可以让我在未来三年、五年甚至十年，或者更久的时间里获取物质收益、收获更多铁杆粉丝。这也是我鼓励学员尝试写书的原因。

写这本书还有一个小小的动机是一些学员跟我说："伍老师，您的私教费大几十万元；您的线下课收费也过万元，这对那些拥有一技之长但目前还不足以支付您学费的人来讲，着实可惜啊。"

当时我听到这句话，坦白讲是有被触动的。我想，我的使命是帮助每一个拥有一技之长的人拥有 1000 个铁粉。要想实现这个使命，我就得让更多符合标准的人（能解决问题、有态度、愿意正面影响他人的人）了解我、认可我、连接我。为此，在不改变自己交付与原有商业模式的情况下，我决定出书。对读者、学员来讲，这应该是最为恰当的一种入门方式了。

特别值得一提的是，有不少学员、朋友得知我终于打算出书，就率先站出来说："我要预定 100 本""我要预定 500 本""我要预定 1000 本"……还有的朋友说："我要把你的书跟市面上其他有关个人品牌的书放在一起，然后寄给我那些有影响力的朋友，让他们看看究竟谁才是真正懂个人品牌的专家。"说实话，听到这些鼓励，看到这些举动，我感动得不行，感觉浑身充满了力量。倒不是说，我因此能赚多少版税，而是因为这份信任是沉甸甸的，是无价的。

这也是我反复在本书中鼓励大家打造铁粉，而不是一味做流量、追求粉丝数的原因。因为铁粉真的可以以一敌百，他们不仅仅是你的粉丝、读者、学员，还是你的朋友、伙伴等更有温度、能并肩同行的人。

我那些年薪千万的学员告诉我，几乎 20% 的客户贡献了他们 80% 的业绩；那些取得大成就的人也往往是 20% 的人在背后为他们加持；那些日子过得很快乐的人也几乎是 20% 的人为他们贡献了多巴胺。二八定律告诉我们，事物的主要结果只取决于一小部分因素。个人品牌打造也是如此。我们应该用好的内容、产品，用好的初心把时间、注意力、才能放在那些能成才、支持我们、与我们同频的人身上。与粉丝做朋友，与粉丝共同成长。

也许有人会问，这样费心费力去做，岂不是只能吸引、服务好一小部分人？如果你真这么理解，说明你还没抓住 4° 铁粉模型的本质。事实上，你越把粉丝当成朋友，越把他们的痛点作为做所有事情的出发点，你的信任值就越高，你也会越受欢迎。当你受欢迎时，认可、追随你的人岂会少？

再说回这本书。

在创作这本书前，我也看过市面上许多跟个人品牌相关的书，它们更多的是在教你如何一夜暴富、一夜爆红，教你一些技法，却忽略了一个非常重要的事实：每个个体都是独一无二的。我们不能把个案的成功复制到所有人身上；不能把一时的成功视为可以持续的爆红；不能把伪装化名为包装。这也是为什么 MCN 机构投入再多的人力、物力，再标准化地去培养、孵化，也难以打造第二个李子柒、李佳琦。

我希望这本书能真正帮你搞清楚个人品牌打造的底层逻辑，即回到人与价值上，去做一个更真实、更有态度、更有能量的自己。正如著名商业顾问刘润老师所讲："如果只教给你各行各业的'干货'（方法论），那只是'授人以鱼'，一旦环境出现变化，'干货'就不再适用。"

这是我的第一本专业著作，坦白讲，本书在某些方面一定还存在某些瑕疵，诚挚地欢迎你提出宝贵建议。

由于写书跟讲课有所不同，少了许多即时互动，我不知正在翻阅这本书的你有着怎样的感受与收获，如果你看完之后想继续跟我交流，欢迎你主动与我连接。

本书的顺利出版离不开许多人的支持与付出。

感谢我的父亲及远在天国的母亲教会我做一个正直、善良的人。他们都是很平凡的普通人，但在我看来，他们有着大智慧：与人相处、做任何事，都有长期眼光，不计较短期得失、不在乎一时输赢；做的家具可以用上 10 年；交朋友，一认定就是一辈子。

感谢我近 2 万名海内外学员，我与大部分人其实早已不是简单的老师和学员的关系，而是可以并肩前行的朋友。感谢你们的认可与信赖，让我在个人品牌这条路上走得愈发坚定与从容，书中许多的灵感与底层方法其实都源于跟你们的深入相处、深入探讨。

感谢我的好朋友师北宸，在我心中，他是比我更具匠心精神的一个人，他身上纯粹的才气与少年气对我影响很大。极为感激的是，他热心地把我的书推给了人民邮电出版社智元微库的创始人之一张渝涓老师，并在我的创作过程中给出了许多宝贵建议。

感谢好朋友、《意志力红利》的作者高太爷，在我心中，他亦是一位少年，简单、大气、勇敢。得知我在写书，他也开启了自己第二本书的创作，高产的他不断发来他新鲜出炉的文章"刺激"我，试图同我赛马，这让我更是加足马力，动力十足。

我想再次感谢张渝涓老师，因为这本书当时差点跟其他出版社签约，是张老师的人格魅力打动了我。她一加我微信，开口第一句话就是："伍老师，我要出你的书。"还极富诚意地说："我会亲自跟进所有流程。"有这位资深出版人来操刀，我倍感荣幸。

感谢策划编辑素然老师在这本书的创作及制作过程中给出的诸多宝贵建议与支持，她特别用心。可以说，这本书有今天这个模样并最终呈现在你们面前，很大程度上离不开她的付出。她跟我说，这本书也是她的一个孩子，她也会看着它一点一滴成长，特别希望它走出家门后，能被更多人喜欢与认可。我听了十分感动。

我还要特别感谢《好好学习》《好好思考》的作者成甲老师、中国传媒大学孔清溪教授、科特勒咨询集团中国区总裁曹虎博士对本书的大力推荐。

最后，我还要感谢一下这个美好的时代，它让每一个平凡的个体都有机会被看见；让每个选择公开表达的人都能吸引、连接更多同频的人；让每一个有一技之长的人都有机会去影响、帮助更多的人，获取属于自己的铁杆粉丝，实现自我价值。正所谓时势造英雄。

当然，我也要谢谢你，我亲爱的读者，谢谢你对这本书的喜欢。读者的喜欢是我进行创作的最大的动力，也期待我们能有更进一步的连接。

参考文献

[1] 凯文·凯利.技术元素 [M].张行舟，余倩，周峰，管策，金鑫，曾丹阳，李远，袁璐，译.北京：电子工业出版社，2012.

[2] 奇普·希思，丹·希思.行为设计学 [M].姜奕晖，译.北京：中信出版社，2018.

[3] 尼尔·埃亚尔，瑞安·胡佛.上瘾 [M].钟莉婷，杨晓红，译.北京：中信出版社，2017.

[4] 许荣哲.故事课 [M].北京：北京联合出版公司，2018.

[5] 乔纳·伯杰.疯传 [M].刘生敏，廖建桥，译.北京：电子工业出版社，2014.

[6] 张磊.价值 [M].杭州：浙江教育出版社，2020.

[7] 罗伯特·艾格，乔尔·洛弗尔.一生的旅程 [M].靳婷婷，译.上海：文汇出版社，2020.

[8] 沃尔特·艾萨克森.史蒂夫·乔布斯传 [M].管延圻，魏群，余倩，赵萌萌，汤崧，译.北京：中信出版社，2014.

[9] 里奇·卡尔加德.大器晚成 [M].范斌珍，译.天津：天津科学技术出版社，2020.

[10] 罗伯特·西奥迪尼.影响力 [M].陈叙，译.北京：中国人民大学出版社，2006.

[11] 杰克·特劳特，阿尔·里斯.定位 [M].谢伟山，苑爱冬，译.北京：机械工业出版社，2011.

[12] 马克·格兰诺维特.找工作 [M].张文宏，译.上海：华东师范大学出版社，

2020.

[13] 李笑来 . 把时间当作朋友 [M]. 北京：电子工业出版社，2009.

[14] 冯卫东 . 升级定位 [M]. 北京：机械工业出版社，2021.

[15] 艾米妮亚·伊贝拉 . 能力陷阱 [M]. 张臻，译 . 北京：北京联合出版公司，
2019.

[16] 韩寒 . 可爱的洪水猛兽 [M]. 沈阳：万卷出版公司，2009.

[17] 黎万强 . 参与感 [M]. 北京：中信出版社，2014.

[18] 安德斯·艾利克森，罗伯特·普尔 . 刻意练习 [M]. 王正林，译 . 北京：机械
工业出版社，2016.

[19] 米哈里·契克森米哈赖 . 心流 [M]. 张定绮，译 . 北京：中信出版社，2017.

[20] 戴建业 . 戴老师魔性诗词课 [M]. 北京：北京联合出版公司，2020.

[21] 张小龙 . 微信背后的产品观 [M]. 北京：电子工业出版社，2021.

[22] 丹尼尔·佩科，科里·雷恩 . 巴菲特和查理芒格内部讲话 [M]. 高剑，译 . 长沙：
湖南文艺出版社，2020.

[23] 张宏杰 . 曾国藩传 [M]. 北京：民主与建设出版社，2018.

[24] 弗朗索瓦·勒洛尔，克里斯托弗·安德烈 . 我们与生俱来的七情 [M]. 王资，
译 . 北京：生活·读书·新知三联书店，2015.

[25] 樊登 . 低风险创业 [M]. 北京：人民邮电出版社，2019.

[26] 纳西姆·尼古拉斯·塔勒布 . 反脆弱 [M]. 雨珂，译 . 北京：中信出版社，
2014.

[27] 芭芭拉·明拖 . 金字塔表达原理 [M]. 汪洱，高愉，译 . 海口：南海出版公司，
2019.

[28] 詹姆斯·卡斯 . 有限与无限的游戏 [M]. 马小悟，余倩，译 . 北京：电子工业
出版社，2013.

[29] 萨提亚·纳德拉 . 刷新 [M]. 陈召强，杨洋，译 . 北京：中信出版社，2018.

[30] 刘润 . 底层逻辑 [M]. 北京：机械工业出版社，2021.